Fachenglisch für Hotel, Restaurant und Küche

Wortschatz und Musterdialoge

Claudia Göckel

2. Auflage

Bestellnr.: 04321

Dieses Werk berücksichtigt die neue deutsche Rechtschreibung.

2. Auflage 2001
Druck 5 4 3 2 1

ISBN 3-8057-0483-6

Umschlaggestaltung: BOROS Agentur für Kommunikation, 42285 Wuppertal

Druck und buchbinderische Verarbeitung: Westermann Druck Zwickau GmbH

Vorwort

Englisch ist heute die einzige Weltsprache. Dies gilt besonders im internationalen Verkehr und im Tourismus. Die Mitarbeiter jedes renommierten Hotels und Restaurants auf der ganzen Welt müssen daher Englisch verstehen und sprechen können. Vor allem junge Hotel- und Restaurantfachleute wissen heute: Sie brauchen Fachenglisch, wenn sie in Deutschland arbeiten, sie brauchen es noch mehr, wenn sie einige Jahre im Ausland arbeiten wollen.

„Fachenglisch für Hotel, Restaurant und Küche" wendet sich
– an **Auszubildende** in Hotel- und Gastronomieberufen, die berufsbezogenes Englisch während der Ausbildungszeit lernen müssen,
– an **Hotel- und Restaurantfachleute und Köche,** die schon im Beruf arbeiten und ihr Fachenglisch im Selbststudium schnell und systematisch auffrischen oder vertiefen wollen.

Hauptanliegen des Buches ist es, das systematische **Erlernen von fachbezogenem Wortschatz und das Einüben von situationsbezogenen Musterdialogen** zu erleichtern. Das Konzept des Buches ist hierauf abgestellt.

Das Buch ist **kein** gastronomisches **Wörterbuch** und **kein** englisches **Sprachlernbuch.** Im Vordergrund stehen vielmehr
– Erlernen von **Wortschatz** in sinnvollen, themenbezogenen Zusammenhängen,
– Einüben von **Musterdialogen** zu typischen Situationen im Hotel- und Restaurantbereich,
– Einüben von **„Satzbausteinen"** als Formulierungshilfen.

Das Buch **setzt Grundwissen** (Aussprache, einfacher englischer Wortschatz und elementare Regeln von Grammatik und Satzbau) **voraus,** wie es die meisten Auszubildenden in der Schule gelernt oder wie es sich Berufstätige schon „on the job" erworben haben.

Hinweise zum Gebrauch des Buches:
„Fachenglisch für Hotel, Restaurant und Küche" besteht aus den **Hauptteilen A, B, C** und einem ausführlichen **Anhang.**

Teil A enthält den englischen Fachwortschatz in themenbezogenen Überblicken, Musterdialoge und „Satzbausteine" aus dem **Hotelbereich.**
Teil B enthält den englischen Fachwortschatz, Musterdialoge und „Satzbausteine" aus dem **Restaurantbereich.**
Teil C enthält nur englische **Terminologie der Küche,** gegliedert nach gastronomischen Themenbereichen.
Der Anhang enthält Höflichkeitsformeln, täglich gebrauchte Redewendungen, kommunikative Fragen und Antworten, allgemein nützliches Vokabular, eine englische Buchstabiertafel und ein Muster für den Lebenslauf in Englisch.

Das detaillierte Inhaltsverzeichnis und die Gliederung nach Themen (Wortschatz) und Situationen (Musterdialoge, „Satzbausteine") erleichtern das Zurechtfinden, ein mühsames Zusammensuchen entfällt.
Ziel des Buches ist es, sprachliche Kompetenz für die Kommunikation mit dem ausländischen Gast zu entwickeln.

Viel Erfolg **and good luck!**

Claudia Göckel   Bonn, 1998

Inhaltsverzeichnis

Anhang

Teil A: Hotel

I. The Hotel / Das Hotel

1. types of hotels

Hoteltypen

international hotel	Hotel mit internationalem Standard
luxury hotel	Luxushotel
airport hotel	Hotel am Flughafen
congress hotel	Hotel für Kongresse
resort hotel	Hotel in besonders schönen touristischen Gegenden
apartment hotel	Apartmenthotel (mit und ohne Restaurant-Service)
motel	Motel (z. B. an Autobahnen)
guest house	Gästehaus
country-inn	Landgasthaus

2. hotel categories

Hotel-Kategorien

*	**one star**	kleine Hotels, Gasthäuser
**	**two star**	kleinere Hotels mit gutem Standard
***	**three star**	Hotels mit gehobenem Standard
****	**four star**	Hotels mit höherem internationalem Standard
*****	**five star**	Hotels mit höchstem internationalem Standard, Luxushotels

3. type of accommodation   Art der Unterkunft

single room	Einbettzimmer
double room	Doppelzimmer
twin room	Doppelzimmer mit zwei Betten
junior suite	Zimmer mit Schlaf- und Wohnteil
suite	Wohn- und Schlafzimmer mit Bad, Suite
family room	Mehrbettzimmer
connecting rooms	Zimmer mit Verbindungstür
apartment	Appartement
penthouse	Luxussuite auf dem Dach eines Hotels
bed and breakfast	Übernachtung mit Frühstück
european plan	Zimmer ohne Frühstück
continental plan	Zimmer mit Frühstück
american plan	Zimmer und 3 Mahlzeiten
half board	Halbpension
full board	Vollpension
room rates, tariff	Zimmerpreise
low season	Vor-/Nachsaison
high season	Hauptsaison
special arrangements for travel agents	Pauschalangebote für Tourismusunternehmen
special arrangements for companies	Pauschalangebote für Firmen
reduction, discount	Preisnachlass

4. hotel premises   Räumlichkeiten im Hotel

entrance hall, lobby	Hotelhalle
front office,	Empfang,
reception desk	Rezeption
hall porter's desk	Pforte
cashier's office	Kasse
information desk	Information
lounge	Aufenthaltsraum
bar	Bar
elevator, lift	Aufzug
stairs	Treppe
floor	Stockwerk, Etage
first floor	1. Etage
second floor	2. Etage
third floor	3. Etage
top floor	oberste Etage
ground floor	Erdgeschoss
basement	Untergeschoss
gents (toilet)	Herrentoilette
ladies (toilet)	Damentoilette

shopping mall	Einkaufszeile
car rental	Autovermietung
travel agent	Reisebüro
hair dresser	Damenfriseur

barber's shop	Herrenfriseur
jeweller's shop	Juwelierladen
flower shop	Blumengeschäft
news stand	Zeitungsstand
gift shop	Souvenirladen

recreation facilities	Freizeiteinrichtungen
health club, fitness center	Fitnesscenter
gym	Gymnastikraum
sauna	Sauna
swimming pool	Schwimmbad
tennis court	Tennisplatz

restaurants	Restaurants
coffee shop	Restaurant
luxury restaurant	Luxusrestaurant
banquet rooms, ball rooms	Räumlichkeiten für große Veranstaltungen (Festessen, Empfänge, Bälle)
conference center	Konferenzräume
disco	Disco

5. hotel organisation / Hotelorganisation und Hauptaufgabengebiete

	General Manager Hoteldirektor	
Front Office Manager Empfangsdirektor	**Food and Beverage Manager** Wirtschaftsdirektor	**Manager of Administration** Kaufmännischer Direktor
Reception Empfang	**Kitchen** Küche	**Purchasing + Storage** Einkauf + Magazin
Hall Porter's Desk Pforte	**Restaurant** Service	**Accounting + Controlling** Buchhaltung
Housekeeping Etage	**Banquet Service** Veranstaltungen	**Public Relations + Advertising** Werbung
Maintenance Haustechnik	**Room Service** Etagenservice	**Marketing + Sales** Verkauf
	Bar Bar	**Personnel** Personalabteilung
	Catering Service Lieferservice für Speisen + Getränke	

6. hotel jobs

Berufe im Hotelbereich

reception / hall

Rezeption / Hotelhalle

reservation clerk	Angestellte/r für Zimmerreservierung
receptionist	Empfangschef
cashier	Kassierer/in
porter, bell captain	Chef-Portier
doorman	Pförtner
pageboy	Hausbote
liftboy	Fahrstuhlführer
switchboard operator	Telefonist/in

housekeeping

Etage

housekeeper	Hausdame
floor maid/floor attendant	Hausmädchen/Hausbursche
room maid/room attendant	Zimmermädchen/Zimmerbursche

maintenance

Haustechnik

maintenance engineer	Haustechniker
plumber	Installateur
electrician	Elektriker

valet service	<u>Wäscherei / Reinigung</u>
laundry maid	Wäscherin, Büglerin
dry cleaner	Reiniger (chem. Reinigung)

<u>Hinweis:</u>
Englische Fachausdrücke für Personal in der Bar, im Restaurant und in der Küche sind in den entsprechenden Kapiteln zu finden.

7. hotel services   Serviceleistungen im Hotel

babysitting service	Babysittervermittlung
car parking	Garage
currency exchange	Geldwechsel
direct dial telephoning	telefonische Direktwahl
dry cleaning	chemische Reinigung
early morning call	Weckruf
fax service	Fax
laundry service	Wäscherei
room service	Zimmerservice
safe-deposit boxes	Safes
valet service	Reinigung und Wäscherei

II. At the Reception / Am Empfang

__Dialog 1__ (**room reservation by telephone /** Telefonische Zimmerreservierung)

H: International Hotel:
Good morning. Can I help you?

G: I would like to book a double room for two nights
from Monday, October ... to Wednesday, October...

H: Yes, Sir.

G: How much is the double room?

H: We charge ... US $ for the double room,
for the double room, including breakfast.

G: That's fine. OK.

H: Could I have your name, please?

G: Miller, Charles Miller.

H: Thank you. I have put down your reservation, Mr. Miller.

G: Thank you very much. Goodbye.

H: Hotel International:
Guten Morgen. Kann ich Ihnen helfen?

G: Ich möchte ein Doppelzimmer reservieren, von
Montag, dem ... Oktober bis Mittwoch, dem ... Oktober.

H: Ja.

G: Was kostet das Doppelzimmer?

H: Wir berechnen ... US $ für das Doppelzimmer,
für das Doppelzimmer mit Frühstück.

G: Gut, o.k.

H: Ihren Namen bitte?

G: Miller, Charles Miller.

H: Danke. Ich habe Ihre Reservierung notiert, Herr Miller.

G: Vielen Dank. Auf Wiedersehen.

Alternative 1 (negativ)

H: *International Hotel:*
   Good morning. Can I help you?

G: I would like to book a double room for two nights
   from Monday, October ... to Wednesday, October ...

H: *I will see. I am afraid, Sir,*
   we are fully booked until November.

H: *Hotel International:*
   Guten Morgen. Kann ich Ihnen helfen?

G: Ich möchte ein Doppelzimmer reservieren, von
   Montag, dem ... Oktober bis Mittwoch, dem ... Oktober.

H: *Ich sehe mal nach. Es tut mir leid,*
   aber wir sind bis November komplett ausgebucht.

Alternative 2 (negativ)

H: *International Hotel:*
   Good morning. Can I help you?

G: I would like to book a double room for two nights
   from Monday, October ... to Wednesday, October ...

H: *Let me see. I am very sorry, Sir,*
   there is no double room available at the requested time.

H: *Hotel International:*
   Guten Morgen. Kann ich Ihnen helfen?

G: Ich möchte ein Doppelzimmer reservieren, von
   Montag, dem ... Oktober bis Mittwoch, dem ... Oktober.

H: *Ich sehe mal nach. Es tut mir leid, aber in dieser Zeit*
   haben wir kein Doppelzimmer mehr frei.

Wortschatz	to book a room from ... to ...	ein Zimmer reservieren von ... bis ...
	to make a reservation from ... to ...	
	room rate	Zimmerpreis
	to charge	berechnen für
	to put down	notieren
	fully booked	ausgebucht
	available	frei, zu haben

Satzbausteine	Can I help you?	Kann ich Ihnen helfen?
	What can I do for you?	Was kann ich für Sie tun?
	I would like to ...	Ich würde gern ...
	How much is ...?	Wie teuer ist ...?
	What are the room rates?	Wie sind die Zimmerpreise?
	Could I have your name?	Ihren Namen bitte.
	I will see/Let me see.	Ich sehe mal nach.
	I am afraid/I am very sorry ...	Es tut mir leid, aber ...

Dialog 2: (**receiving guests, check in /** Begrüßung von Gästen, Anmeldung)

H: *Good afternoon, Sir. Can I help you?*

G: I phoned on Friday to book
   a double room for 2 nights.

H: *What's your name, please?*

G: Miller, Charles Miller.

H: *One moment, please. – Oh, yes, Mr. Miller.
   I have your registration here: one double room for two
   nights from October ... to October ... Room number 403.
   Could you fill in the registration form,
   and could I have your passport, please?*

G: Here your are.

H: *Here is your key. Your room is on the fourth floor.
   The elevator is on your left. We will send your
   luggage up to your room.
   I wish you a pleasant stay.*

G: Thank you.

H: *Guten Tag. Bitte sehr?*

G: Ich habe am Freitag angerufen
   und ein Doppelzimmer für 2 Nächte reserviert.

H: *Ihren Namen bitte.*

G: Miller, Charles Miller.

H: *Einen Moment bitte. Ja, Herr Miller.
   Hier habe ich Ihre Reservierung: ein Doppelzimmer
   für 2 Nächte vom ... Oktober bis ... Oktober.
   Zimmer 403. Bitte füllen Sie das Anmeldeformular
   aus, und könnte ich Ihren Pass haben?*

G: Hier bitte.

H: *Hier ist Ihr Schlüssel. Ihr Zimmer liegt im 4. Stock.
   Der Aufzug ist hier links. Ich lasse Ihr Gepäck auf
   Ihr Zimmer bringen.
   Ich wünsche Ihnen einen angenehmen Aufenthalt.*

G: Danke.

Wortschatz

to phone, to call	telefonieren
on Friday	am Freitag
to fill in	ausfüllen
registration form	Anmeldeformular
passport	Pass
key, keycard	Schlüssel
luggage	Gepäck

Satzbausteine

What's your name?	Wie ist Ihr Name?
One moment, please.	Einen Moment, bitte.
Could you ...?	Könnten Sie ...?
Could I have ...?	Könnte ich haben ...?
Here you are.	Hier, bitte.
Here is ...	Hier ist ...
We will send ...	Wir schicken gleich ...
I wish you a pleasant stay!	Ich wünsche Ihnen einen angenehmen Aufenthalt!

International Hotel

Family name: .... Room no.: ....

First name: ....

Nationality: ....

Address: ....

Date of arrival: ....

Date of departure: ....

For foreign visitors only:

Date and place of birth: ....

Passport no.: .... Place of issue: ....

Date of issue: ....

Signature: ....

Dialog 3 (**information** / Information)

H: *Good morning, Sir. Can I help you?*

G: I would like to have some information, please.

H: *Yes, please.*

G: Is there a restaurant in the hotel?

H: *Yes, Sir. There is a luxury restaurant on the top floor,*
open for lunch and dinner, and a coffee shop
on the ground floor, open from 7:00 o' clock until
midnight. The bar is next to the restaurant on the
top floor. We also serve snacks and drinks at the
poolside, if you like.

G: Thank you.

H: *Guten Morgen. Bitte sehr?*

G: Ich hätte gerne eine Auskunft.

H: *Ja, bitte.*

G: Gibt es im Hotel ein Restaurant?

H: *Ja. Ein sehr gutes Restaurant ist im obersten Stock,*
geöffnet mittags und abends, und ein „ Coffee Shop "
im Erdgeschoss. Die Bar liegt direkt neben dem
Restaurant im obersten Stockwerk. Wir servieren
aber auch kleine Speisen und Getränke am
Schwimmbad, wenn Sie wünschen.

G: Danke.

Wortschatz	information	Auskunft
	on the top floor	im obersten Stockwerk
	on the ground floor	im Erdgeschoss
	open	geöffnet
	open from ... until ...	geöffnet von ... bis ...
	next to	neben
	to serve	servieren
	breakfast	Frühstück
	lunch	Mittagessen
	dinner	Abendessen
	snack	Zwischenmahlzeit

Satzbausteine	I would like to have ...	Ich hätte gern ...
	Is there .../Are there ...?	Gibt es ...?
	There is .../There are ...	Es gibt ...
	We also serve ...	Wir servieren auch ...
	If you like.	Wenn Sie wünschen.

<u>Dialog 4</u> (**information /** Information)

H: *Good afternoon, madam. Can I help you?*

G: Yes. I would like to have a safe-deposit box, please.

H: *Go to the Cashier's office, please. It is on your right. They will take care of you.*

G: Thank you very much.

H: *Guten Tag. Kann ich Ihnen helfen?*

G: Ja. Ich hätte gern ein Schließfach, bitte.

H: *Gehen Sie bitte zur Kasse. Sie ist hier rechts. Dort wird man Ihnen behilflich sein.*

G: Vielen Dank.

Wortschatz	**safe-deposit box**	Schließfach
	to go to	gehen zu
	on your right/left	rechts/links
	to take care of	behilflich sein

Satzbausteine	**I would like to have ...**	Ich hätte gern ...
	It is on your right.	Es ist rechts (von Ihnen).
	It is on your left.	Es ist links.
	It is over there.	Es ist da drüben.
	It is straight ahead.	Es ist geradeaus.
	I will take care of it.	Ich werde die Sache erledigen.

Dialog 5 (request / Wunsch)

H: *Good evening, Sir. Can I help you?*

G: Could you call a taxi for me?
   I have to go to the airport.

H: *Certainly. The Porter will take care of it right away.*

G: Thank you very much.

H: *Not at all.*

H: *Guten Abend. Kann ich Ihnen helfen?*

G: Könnten Sie mir ein Taxi rufen?
   Ich muss zum Flughafen.

H: *Der Portier wird das sofort tun.*

G: Ich danke Ihnen.

H: *Keine Ursache.*

Wortschatz		
	to call a taxi	ein Taxi rufen
	to go to	gehen zu
	to have to go to	gehen müssen
	certainly	gewiss
	right away	gleich

Satzbausteine		
	Could you ...?	Könnten Sie ...?
	I have to ...	Ich muß ...
	Not at all.	Keine Ursache.

Dialog 6 (**changing money /** Geldwechsel)

H: Good afternoon. Can I help you, Sir?

G: I would like to change money.
What is the exchange rate for US $ today?

H: ... DM for one US $, Sir.
For travellers' cheques the rate is slightly higher.

G: OK. Thank you. Then I would like to change
200 US $ traveller's cheques into DM.

H: Very well, Sir.

G: Here you are.

H: Would you please sign the cheques here,
and could I have your passport, please?

H: Guten Tag. Kann ich Ihnen helfen?

G: Ich möchte Geld wechseln.
Wie hoch ist der Wechselkurs für US $ heute?

H: ... DM für einen US $.
Für Reiseschecks ist der Kurs etwas höher.

G: O.k. Danke. Dann würde ich gerne
200 US $ Reiseschecks in DM einwechseln.

H: Gut.

G: Hier bitte.

H: Würden Sie bitte die Schecks hier unterschreiben,
und könnte ich Ihren Pass haben?

Wortschatz	to change money	Geld wechseln
	exchange rate for ...	Wechselkurs für
	today	heute
	traveller's cheque	Reisescheck
	slightly	ein wenig
	to change ... into	in ... wechseln
	to sign	unterschreiben

Satzbausteine	I would like to ...	Ich würde gern ...
	What is the exchange rate for ...?	Wie ist der Kurs für ...?
	Very well.	Gut.
	Here you are!	Hier, bitte.
	Would you please ...?	Könnten Sie bitte ...?
	Could I have ...?	Könnte ich ... haben?

<u>Dialog 7</u> (**message** / Mitteilung)

H: *Good morning. May I help you?*

G: Could I speak to Mr. Miller
   in room number 403, please?

H: *I'm sorry, there is no answer.*
   Can I take a message?

G: Yes, please. Tell Mr. Miller, that I called him this
   morning and that I expect his return call as soon as
   possible under telephone number 02 28 / 22 45 6.

H: *What's your name, please?*

G: Watanabe.

H: *Could you spell that for me, please.*

H: *Guten Tag. Kann ich Ihnen helfen?*

G: Könnte ich mit Herrn Miller
   in Zimmer 403 sprechen?

H: *Tut mir leid. Es meldet sich niemand.*
   Kann ich eine Nachricht notieren?

G: Ja, bitte. Sagen Sie Herrn Miller, dass ich heute
   Morgen angerufen habe und seinen Rückruf so bald
   wie möglich erwarte unter Telefonnr. 02 28 / 22 45 6.

H: *Ihren Namen, bitte.*

G: Watanabe.

H: *Könnten Sie das bitte buchstabieren?*

G: W for William
   A for Andrew
   T for Tommy
   A for Andrew
   N for Nellie
   A for Andrew
   B for Benjamin
   E for Edward. – Watanabe.

H: *Watanabe. Thank you, Mr. Watanabe.*
   I have put your message down.

G: Thank you. Goodbye.

G: W wie Wilhelm
   A wie Anton
   T wie Theodor
   A wie Anton
   N wie Nordpol
   A wie Anton
   B wie Berta
   E wie Emil. – Watanabe.

H: *Watanabe. Danke, Herr Watanabe.*
   Ich habe Ihre Nachricht notiert.

G: Danke. Auf Wiedersehen.

International Hotel

Message for ....   Room no.: ....

Date: ....   Time: ....

From: ....   Tel. no.: ....

Please call at number above ☐

Will call back at ....   ☐

....

....

....

Taken by ....

Wortschatz

to speak to	sprechen mit
answer	antworten
message	Nachricht
to call	anrufen
to expect	erwarten
return call	Rückruf
local call	Ortsgespräch
overseas call	Auslandsgespräch
connection	Verbindung
operator	Vermittlung
direct dialing	Direktwahl
telephone number	Telefonnummer
area code	Vorwahl
to put ... down	notieren

Satzbausteine

May I help you?	Kann ich Ihnen helfen?
Could I speak to ...	Könnte ich mit ... sprechen?
I am sorry.	Tut mir leid.
There is no answer.	Man nimmt nicht ab.
Can I take a message?	Kann ich eine Nachricht notieren?
Would you like to leave a message?	Möchten Sie eine Nachricht hinterlassen?
I expect ...	Ich erwarte ...
As soon as possible.	So bald wie möglich.
What is your name?	Wie ist Ihr Name?
Could you spell that?	Könnten Sie das buchstabieren?
I have put ... down.	Ich habe ... notiert.

__Dialog 8__ (**bill/payment /** Rechnung/Bezahlung)

H: *Good morning, Sir. Can I help you?*

G: I am checking out. Can I have my bill, please?

H: *Yes, Sir. What is your name*
   and what is your room number?

G: Miller, Charles Miller. Room number 403.

H: *One moment please. Here your are, Sir.*
   The bill is ready. How are you paying?

G: I would like to pay by credit card.
   Do you accept Visa?

H: *Certainly. We accept all major credit cards.*
   Would you like to check your bill?
   Service charges and Sales Tax are included.

G: Here is my credit card.

H: *Please sign here, Sir. That is for you.*
   Thank you and have a nice trip home.

G: Thank you. Goodbye.

H: *Guten Morgen. Bitte sehr?*

G: Ich reise ab. Kann ich meine Rechnung haben?

H: *Ja. Ihren Namen, bitte,*
   und Ihre Zimmernummer.

G: Miller, Charles Miller. Zimmer 403.

H: *Einen Moment bitte. Hier.*
   Die Rechnung ist fertig. Wie möchten Sie bezahlen?

G: Ich würde gerne mit Kreditkarte bezahlen.
   Nehmen Sie Visa?

H: *Ja, natürlich. Wir akzeptieren alle bekannten Kredit-*
   karten. Möchten Sie Ihre Rechnung kontrollieren?
   Service und Mehrwertsteuer sind enthalten.

G: Hier ist meine Kreditkarte.

H: *Unterschreiben Sie hier, bitte. Das ist für Sie.*
   Danke und gute Heimreise.

G: Danke. Auf Wiedersehen.

Wortschatz	to check out	abreisen
	bill	Rechnung
	ready	fertig
	to pay	zahlen, bezahlen
	to pay by credit card	mit Kreditkarte zahlen
	to pay by cheque	mit Scheck bezahlen
	to pay in foreign currency	in ausländischer Währung zahlen
	to pay in local currency	in Landeswährung zahlen
	to pay cash	bar zahlen
	to pay in traveller's cheques	mit Reiseschecks zahlen
	to accept	annehmen
	to check	kontrollieren, nachsehen
	service charge	Bedienungszuschlag
	sales tax	Mehrwertsteuer
	included	inbegriffen
	to sign	unterschreiben
	trip home	Heimreise
Satzbausteine	I am checking out.	Ich reise ab.
	Can I have ... ?	Kann ich ... haben?
	What is ...?	Was ist ...?
	One moment, please.	Einen Moment, bitte.
	Here you are.	Hier, bitte.
	How are you paying?	Wie bezahlen Sie?
	I would like to ...	Ich würde gern ...
	We accept all major credit cards.	Wir akzeptieren alle gängigen Kreditkarten.
	Here is my ...	Hier ist mein/e ...
	Sign here.	Unterschreiben Sie hier.
	Have a nice trip!	Gute Reise!

III. In the Hotel Room / Im Hotelzimmer

1. furniture and equipment in the room   Einrichtung und Gegenstände im Zimmer

bed	Bett
single bed	Einzelbett
double bed	Doppelbett
twin beds	zwei getrennte Betten
bedside table	Nachttisch
reading light	Leselampe
radio	Radio
desk	Schreibtisch
chair	Stuhl
armchair	Sessel
coffee table	Couchtisch
wardrobe	Schrank
coat hangers	Kleiderbügel
mirror	Spiegel
curtains	Vorhänge
bedspread	Tagesdecke
pillow	Kopfkissen
pillow case	Kopfkissenbezug
blanket	Decke
sheet	Laken
mattress	Matratze

waste paper basket	Papierkorb
ashtray	Aschenbecher
hotel stationary	Schreibpapier
hotel directory	Verzeichnis mit Hinweisen für den Hotelgast
telephone	Telefon
note pad	Notizblock
telephone directory	Telefonbuch
room service menu	Etagenservicekarte
Do not disturb-sign	Schild „Bitte nicht stören"
television set	Fernseher
mini bar	Minibar
heating	Heizung
airconditioning	Kühlung
light	Beleuchtung, Lampe

2. equipment in the bathroom — Gegenstände im Bad

bathtub	Badewanne
shower	Dusche
wash basin	Waschbecken
toilet	Toilette
mirror	Spiegel
hair dryer	Fön
shower curtain	Duschvorhang
towels	Handtücher
soap	Seife
shampoo	Haarwaschmittel
foam bath	Schaumbad
shower cap	Duschhaube
toilet paper	Toilettenpapier

Dialog 1 (**complaints /** Beschwerden)

H: Reception: May I help you?

G: Charles Miller, room number 403.
   I have just checked in.

H: Yes, Mr. Miller. What can I do for you?

G: Our room is not ready yet.
   There are no towels in the bathroom
   and the beds have not been made.

H: I am very sorry, Sir.
   I will contact housekeeping right away.
   They will send somebody up to your room.

G: Thank you.

H: Rezeption: Kann ich Ihnen helfen?

G: Charles Miller, Zimmer 403.
   Ich bin gerade angekommen.

H: Ja, Herr Miller. Was kann ich für Sie tun?

G: Unser Zimmer ist noch nicht fertig.
   Wir haben keine Handtücher im Bad,
   und die Betten sind noch nicht gemacht.

H: Das tut mir sehr leid.
   Ich sage gleich beim „Housekeeping" Bescheid. Die
   werden dann jemanden in Ihr Zimmer hinaufschicken.

G: Danke.

Wortschatz	to check in	ankommen
	ready	fertig
	to make the bed	das Bett machen
	to contact	verständigen
	right away	gleich, sofort
	to send ... up	hinaufschicken

Satzbausteine	May I help you?	Kann ich Ihnen helfen?
	I have just checked in.	Ich bin gerade angekommen.
	What can I do for you?	Was kann ich für Sie tun?
	The room is not ready.	Das Zimmer ist nicht fertig.
	There are no towels.	Es sind keine Handtücher da.
	I am very sorry.	Es tut mir sehr leid.
	I will contact ...	Ich verständige gleich ...
	They will send somebody.	Man wird jemanden schicken.

Dialog 2 (requests / Wünsche)

H: *Housekeeping. Can I help you?*

G: This is Mr. Miller, room number 403.
   I would like to have an extra blanket, please.

H: *You will find extra blankets in the wardrobe*
   on the top shelf, Sir.

G: I see. And could you send somebody up to check
   the airconditioning, please.
   It is not working properly.

H: *Yes, Sir, certainly. We will ask somebody from*
   maintenance to check it right away.

G: Thank you very much!

H: *You are welcome, Sir.*

H: *Housekeeping. Kann ich Ihnen helfen?*

G: Hier ist Herr Miller, Zimmer 403.
   Ich hätte gerne eine zusätzliche Decke.

H: *Sie finden zusätzliche Decken im Schrank*
   ganz oben.

G: Aha. Und könnten Sie bitte jemanden herauf-
   schicken, um die Klimaanlage zu kontrollieren?
   Sie funktioniert nicht richtig.

H: *Ja, natürlich. Wir werden jemanden von der*
   Haustechnik bitten, sie sofort zu kontrollieren.

G: Vielen Dank!

H: *Keine Ursache.*

Dialog 3 (**room service order /** Etagen-Service-Bestellung)

H: *Room service. May I help you?*

G: I would like to order one Club Sandwich
  and one Hamburger with French Fries, please.

H: *Yes, madam. Would you like anything else?*
  Anything to drink?

G: One orange juice and one beer, please.

H: *One Club Sandwich, one Hamburger with*
  French Fried Potatoes, one orange juice and one beer.
  What is your room number, please?

G: Room number 403.

H: *Thank you.*

H: *Etagenservice. Bitte sehr?*

G: Ich möchte gerne ein Club-Sandwich
  und einen Hamburger mit Pommes frites bestellen.

H: *Ja, gern. Möchten Sie noch etwas?*
  Etwas zu trinken?

G: Einen Orangensaft und ein Bier, bitte.

H: *Ein Club Sandwich, ein Hamburger mit*
  Pommes frites, ein Orangensaft und ein Bier.
  Ihre Zimmernummer, bitte?

G: Zimmer 403.

H: *Danke.*

ROOM SERVICE   ETAGEN-SERVICE

To have your breakfast in time order it the evening before.
Bestellen Sie Ihr Frühstück am Abend vorher.
Requested service time: Service gewünscht zwischen:

7.00 – 7.30	7.30 – 8.00	8.00 – 8.30	8.30 – 9.00	9.00 – 9.30	9.30 – 10.00
Room no. / Zimmer Nr.		Waiter / Kellner		Date / Datum	

Breakfast / Frühstück

☐ Coffee / Kaffee
☐ Tea / Tee
☐ Chocolate / Kakao
☐ Glass of milk / Glas Milch
☐ Fresh orange juice / Orangensaft
☐ Grapefruit juice / Grapefruitsaft
☐ Tomato juice / Tomatensaft
☐ Fresh half grapefruit / Frische halbe
  Grapefruit
☐ Stewed prunes / Backpflaumen

☐ Soft-boiled fresh egg / Weich gekochtes Ei
☐ Two fried / Zwei Spiegeleier
☐ Two scrambled eggs / Zwei Rühreier
☐ Bacon / Frühstücksspeck
☐ Ham / Schinken
☐ Sausages / Würstchen
☐ Two poached eggs on toast / Zwei pochierte Eier auf Toast
☐ Porridge with fresh milk / Haferflockenbrei
  mit frischer Milch
☐ Cornflakes with fresh milk / Cornflakes mit
  frischer Milch
☐ Yoghurt / Joghurt
☐ Mixed cold cuts / Gemischter Aufschnitt
☐ Assortment of cheeses / Käse

_____
Signature of guest
Unterschrift des Gastes

Wortschatz	room service	Etagen-Service
	to order	bestellen
	something to drink	etwas zu trinken (Aussage)
	anything to drink?	etwas zu trinken?

Satzbausteine	I would like to order ...	Ich möchte ... bestellen.
	Would you like anything else?	Möchten Sie noch etwas?
	Would you like anything to drink/to eat?	Möchten Sie etwas trinken/essen?
	I would like ...	Ich möchte ...
	Bring me ...	Bringen Sie mir ...
	Do you serve ...?	Haben Sie ...? Servieren Sie ...?

IV. In the Hotel Bar / In der Hotel-Bar

1. personnel

Personal in der Bar

barkeeper, bartender	Barmann
bar waiter	Kellner
bar waitress	Kellnerin

2. barkeeper's equipment and tools

Gegenstände und Arbeitsgeräte des Barkeepers

wine cooler	Weinkühler
ice bucket	Eiskübel
ice tongs	Eiszange
jigger	Barmaß
cocktail shaker	Cocktailshaker/Schüttelbecher
mixing glass	Mixglas
measuring glass	Messglas
barspoon	Barlöffel
stirrer	Rührlöffel
dashbottle	Spritzflasche
strainer	Barsieb, Strainer
bottle opener	Flaschenöffner
corkscrew	Korkenzieher
lemon squeezer	Zitronenpresse
juicer	Saftpresse

electric blender	elektrischer Mixer
cutting board	Schneidebrett
knife	Messer
cocktail sticks	Cocktailspieße
toothpicks	Zahnstocher
cocktail napkins	Cocktailservietten
coasters	Gläseruntersetzer
tray	Tablett

3. bar glasses   Bargläser

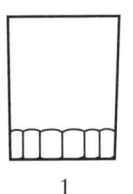 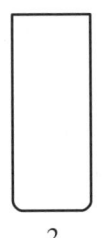   

  1   2   3   4   5

tumblers (1+2)	Gläser für Short- und Longdrinks
cocktail glass (3)	Cocktailglas
champagne glass (4)	Sektglas
cognac glass (5)	Cognacschwenker

Hinweis: weitere Gläser mit Abbildungen in Teil B „Restaurant" S. 63

4. drinks   Getränke

alcoholic drinks	alkoholische Getränke
spirits	Spirituosen
apéritifs	Aperitifs
liqueurs	Liköre
wines	Weine
fortified wines	Südweine, Dessertweine
(Sherry, Port ...)	(Sherry, Portwein ...)
champagne	Champagner, Sekt
whisky/whiskey	Whisky
Irish whiskey	Irischer Whisky
Scotch whisky	Schottischer Whisky
Canadian whisky	Kanadischer Whisky
American whiskey	Amerikanischer Whisky
Bourbon	Whisky aus mindesten 51 % Mais
rye	Whisky aus mindestens 51 % Roggen
grain whisky	Whisky aus verschiedenen Getreidearten
malt whisky	Whisky nur aus Gerste
blended whisky	Whisky aus verschiedenen Malt- und Grain-Whiskysorten gemischt
brandy	Weinbrand
rum	Rum
vodka (Russian, Polish)	Wodka (russischer, polnischer)

Hinweis: Markennamen werden nicht genannt. Es handelt sich hier nur um Getränkegruppen.

beer	Bier
bottled beer	Flaschenbier
draught beer	Fassbier

non-alcoholic drinks   <u>alkoholfreie Getränke</u>

mineral water	Mineralwasser
soda water	Soda
tonic water	Tonic
bitter lemon	Bitter Lemon
bitter orange	Bitter Orange
ginger ale	Ginger Ale
orange juice	Orangensaft
grapefruit juice	Grapefruitsaft
pineapple juice	Ananassaft
lime juice	Limonensaft
tomato juice	Tomatensaft
coca-cola	Coca-Cola

Hinweis: Getränke und Weine auch im Teil B „Restaurant" S. 73f.

5. ingredients for mixing cocktails

Zutaten zum Mixen

syrups	Sirups
Angostura bitter	Angostura bitter
Tabasco sauce	Tabasco
Worcester sauce	Worcestersauce
lemon slices	Zitronenscheiben
orange slices	Orangenscheiben
lemon peel	Zitronenschale
sprigs of mint	Pfefferminzstengel
olives	Oliven
Maraschino cherries	Cocktailkirschen
crushed ice	zerstoßenes Eis
ice cubes	Eiswürfel

6. categories of drinks

Art der Getränke

a before dinner drink	ein Aperitif (appetitanregend, vor dem Essen)
an after dinner drink	ein Digestif (nach dem Essen)
a short drink	ein Shortdrink (5–6 cl)
a long drink	ein Longdrink (5–6 cl u. Verlängerung)
a soft drink	ein alkoholfreies Getränk
flips	Cocktails mit Sahne
cobblers	Cocktails mit Früchten
daisies	Cocktails

coolers	Cocktails mit Ginger Ale
crustas	Cocktails mit Zuckerrand
a single whisky	ein einfacher Whisky
a double whisky	ein doppelter Whisky
a whisky soda	ein Whisky mit Soda
a „straight" whisky	ein Whisky pur
a whisky „on the rocks"/	ein Whisky mit Eis
a whisky with ice	
a gin tonic	ein Gin und Tonic
a vodka tonic	ein Wodka und Tonic
a fancy drink	eine Kreation des Barkeepers

7. international cocktails

Internationale Cocktails

short drinks (5 – 6 cl)

Manhattan	
4 cl whisky	4 cl Whisky
2 cl red vermouth	2 cl roter Vermouth
1 d Angostura	1 Spritzer Angostura
1 cocktail cherry	1 Cocktailkirsche

d = dash (Spritzer)

Martini dry	
4,5 cl gin	4,5 cl Gin
1,5 cl dry vermouth	1,5 cl trockener Vermouth
1 olive	1 Olive

Side Car

2 cl brandy	2 cl Weinbrand
2 cl Cointreau	2 cl Cointreau
2 cl lemon juice	2 cl Zitronensaft
1 cocktail cherry	1 Cocktailkirsche

long drinks (5–6 cl u. Ergänzung)

champagne cocktail

1 cl brandy	1 cl Weinbrand
1 barspoon lemon juice	1 Barlöffel Zitronensaft
1 barspoon sugar syrup	1 Barlöffel Läuterzucker
1 d Angostura	1 Spritzer Angostura
champagne	Champagner

Gin Fizz

4 cl gin	4 cl Gin
2 cl lemon juice	2 cl Zitronensaft
2 barspoons sugar syrup	2 Barlöffel Läuterzucker
soda water	Soda

Screw Driver

4 cl vodka	4 cl Wodka
orange juice	Orangensaft

Tom Collins

2 barspoons sugar syrup	2 Barlöffel Läuterzucker
lemon juice	Zitronensaft
2 cl gin	2 cl Gin
soda water	Soda
lemon slice/cocktail cherry	Zitronenscheibe/Cocktailkirsche

Whisky Sour

4 cl whisky	4 cl Whisky
2 cl lemon juice	2 cl Zitronensaft
2 barspoons sugar syrup	2 Barlöffel Läuterzucker
soda water	Soda
orange slice/cocktail cherry	Orangenscheibe/Cocktailkirsche

Bloody Mary

4 cl vodka	4 cl Wodka
2 cl lemon juice	2 cl Zitronensaft
5 cl tomato juice	5 cl Tomatensaft
worcester sauce	Worcestersauce
tabasco	Tabasco
salt, pepper	Salz, Pfeffer

Hinweis:

1 dash	= 1 Spritzer	(1 Gramm)
1 barspoon	= 1 Barlöffel	(5 Gramm)
1 cl	= 1 Zentiliter	(10 Gramm)

<u>**Dialog 1**</u> (**ordering cocktails /** Bestellung)

H: *Good evening. What can I get you?*

G 1: A Gin and Tonic for me, please.
    What would you like, Harry?

G 2: A Scotch Whisky for me, no ice, please.

H: *Certainly. One Gin and Tonic*
    and one straight Whisky, no ice.

H: *Here you are. Shall I charge this to your room, Sir?*

G 1: Yes, please.

H: *Guten Abend. Was darf ich Ihnen bringen?*

G 1: Einen Gin Tonic für mich, bitte.
    Was möchtest du, Harry?

G 2: Einen Scotch Whisky für mich, kein Eis, bitte.

H: *Ja. Einen Gin Tonic und einen*
    Whisky pur ohne Eis.

H: *Hier, bitte sehr.*
    Soll ich das auf Ihre Hotelrechnung setzen lassen?

G 1: Ja, bitte.

Wortschatz	**no ice**	kein Eis
	straight	pur
	to charge ... to	auf die Rechnung setzen
Satzbausteine	**What can I get you?**	Was darf ich Ihnen bringen?
	What would you like?	Was hätten Sie gern?
	Shall I charge this to your room?	Soll ich das auf Ihre Zimmerrechnung setzen?

<u>Dialog 2</u> (**explaining cocktails /** Cocktails erklären)

H: *Good evening. What can I bring you, Sir?*

G: I would like a cocktail, please.
   What is a Manhattan?

H: *A Manhattan? Well, that is a cocktail*
   made with whisky, Italian vermouth,
   a dash or two of Angostura and served
   with a cocktail cherry.

G: I see. And how do you mix a dry Martini?

H: *A dry Martini is made with gin,*
   a little dry vermouth, served with an olive.

G: I will take the dry Martini, then.

H: *Certainly, Sir.*

H: *Guten Abend. Was kann ich Ihnen bringen?*

G: Ich hätte gern einen Cocktail.
   Was ist ein Manhattan?

H: *Ein Manhattan? Ja, das ist ein Cocktail*
   aus Whisky, italienischem Wermut,
   einem oder zwei Spritzern Angostura
   und mit einer Cocktailkirsche.

G: Aha. Und wie wird ein Martini dry gemixt?

H: *H: Ein Martini dry wird mit Gin, etwas trockenem*
   Wermut gemacht und mit einer Olive serviert.

G: Ich nehme dann den Martini dry.

H: *Ja.*

Wortschatz	to make	machen
	made with ...	mit ... gemacht
	a dash	ein Spritzer
	to serve	servieren
	served with ...	serviert mit ...
	a little	ein wenig
	to take	nehmen
	to order	bestellen

Satzbausteine	What can I bring you?	Was kann ich Ihnen bringen?
	I would like ...	Ich hätte gern ...
	What is ...?	Was ist ...?
	well	gut
	I see	aha
	How do you mix ...?	Wie mixen Sie ...?
	I will take ...	Ich nehme also ...

V. Banquet Service / Bankett-Service

function	Veranstaltung
private functions	private Veranstaltungen
birthday	Geburtstag
wedding	Hochzeit
wedding anniversary	Hochzeitstag
official functions	öffentliche Veranstaltungen
company dinner	Geschäftsessen
fashion show	Modenschau
ball	Ball
cocktails	Cocktailparty
reception	Empfang
buffet dinner	Büfett
banquet	Bankett
dinner dance	Abendessen mit Tanz

VI. Conference Facilities / Einrichtungen für Konferenzen

type of meeting	Art der Veranstaltung
congress	Kongress
convention	Tagung
conference	Konferenz
seminar	Seminar
workshop	Workshop
lecture	Vortrag
company board-meeting	Vorstandssitzung einer Firma
press conference	Pressekonferenz

type of room	Räumlichkeit
conference room	Konferenzraum
auditorium	Auditorium

equipment	Ausstattung
platform	Podium
lectern	Rednerpult
microphone	Mikrofon
flip chart	Flipchart
blackboard/whiteboard	Tafel (schwarz/weiß)
pointer	Zeigestock
screen	Leinwand
overhead projector	Overheadprojektor
slide projector	Diaprojektor
film projector	Filmprojektor
video recorder	Video
television set	Fernsehapparat
tape recorder	Tonbandgerät
amplifier	Verstärker
loudspeaker	Lautsprecher
simultaneous translation equipment	Einrichtung für Simultanübersetzungen
earphones	Kopfhörer
photocopier	Fotokopiergerät
beamer	Video Projektor

Teil B: Restaurant

I. The Restaurant / Das Restaurant

1. types of restaurants

Restauranttypen, Lokale

restaurant	Restaurant
luxury restaurant, formal restaurant	Spitzenrestaurant
restaurant serving local food, regional dishes	Restaurant mit landestypischen, regionalen Spezialitäten
restaurant serving French cuisine	Restaurant mit französischer Küche
coffee shop	Restaurant für Frühstück und einfachere Speisen
fast-food restaurant	Schnellgaststätte
snack bar	Imbissstube
coffeehouse	Café
tearoom	Teesalon
bar	Bar
night club	Nachtclub
pub	Kneipe

2. personnel / Personal

	restaurant manager frz.: directeur de restaurant Restaurantdirektor	
	head waiter frz.: maître d'hôtel Oberkellner	
floor waiter frz.: chef d'étage Etagenkellner	**station waiter** frz.: chef de rang Stationskellner	**bartender** frz.: chef de bar Barkellner
	waiter frz.: commis de rang Jungkellner	
	trainee frz.: apprenti Auszubildender	

banquet manager	Bankettleiter (in Hotels)
head of the catering service	Leiter des Catering Service
	(in Hotels und großen Restaurants)
wine waiter	Weinkellner
frz.: sommelier	
cashier	Kassierer/in
cloakroom attendant	Garderobenfrau

Hinweis:
International gebräuchlich sind die französischen Funktionsbezeichnungen im Restaurantservice. Zwischen <u>frz.</u> <u>chef de rang</u> und <u>frz. commis de rang</u> steht dann <u>frz. demi-chef de rang.</u>

3. restaurant premises, furniture, equipment   Räumlichkeiten, Möbel, Gegenstände im Restaurant

a) <u>premises and furniture</u>   <u>Räumlichkeiten und Möbel</u>

entrance	Empfang, Foyer
cloakroom	Garderobe
ladies (toilet)	Damentoilette
gents (toilet)	Herrentoilette
bar	Bar
dining room	Speisezimmer
banquet room, banquet hall	Raum für große Festessen

ballroom	Ballsaal
dance floor	Tanzfläche
terrace	Terrasse
non-smoking section	Nichtraucherecke
table	Tisch
side table	Beistelltisch
chair	Stuhl
children's high chair	Kinderhochstuhl
service counter	Theke, Servicestation
trolley	Servierwagen

b) <u>china, crockery</u> <u>Geschirr</u>

plate	Teller
soup plate	Suppenteller
soup bowl	Suppentasse
dessert plate	Dessertteller
side plate, bread plate	Frühstücksteller
coffee cup	Kaffeetasse
tea cup	Teetasse
coffee mug	Kaffeebecher
saucer	Untertasse
coffee pot	Kaffeekanne
tea pot	Teekanne

milk jug	Milchkrug
cream jug	Sahnekännchen
sugar bowl	Zuckerdose
soup tureen	Suppenterrine
vegetable dish	Gemüseschüssel
silver flat	silberne Platte
lid	Deckel
sauce boat	Sauciere
salad bowl	Salatschüssel
finger bowl	Fingerschale
butter dish	Butterdose
salt and pepper shakers	Salz- und Pfefferstreuer
oil and vinegar cruet set	Essig- und Ölkaraffen
toast rack	Toastständer
bread basket	Brotkorb
fruit basket	Obstkorb
flower vase	Blumenvase
ashtray	Aschenbecher
candle stick	Kerzenhalter
candle	Kerze
table cloth	Tischdecke
placemat	Platzdeckchen
napkin	Serviette

c) **glasses** / Gläser

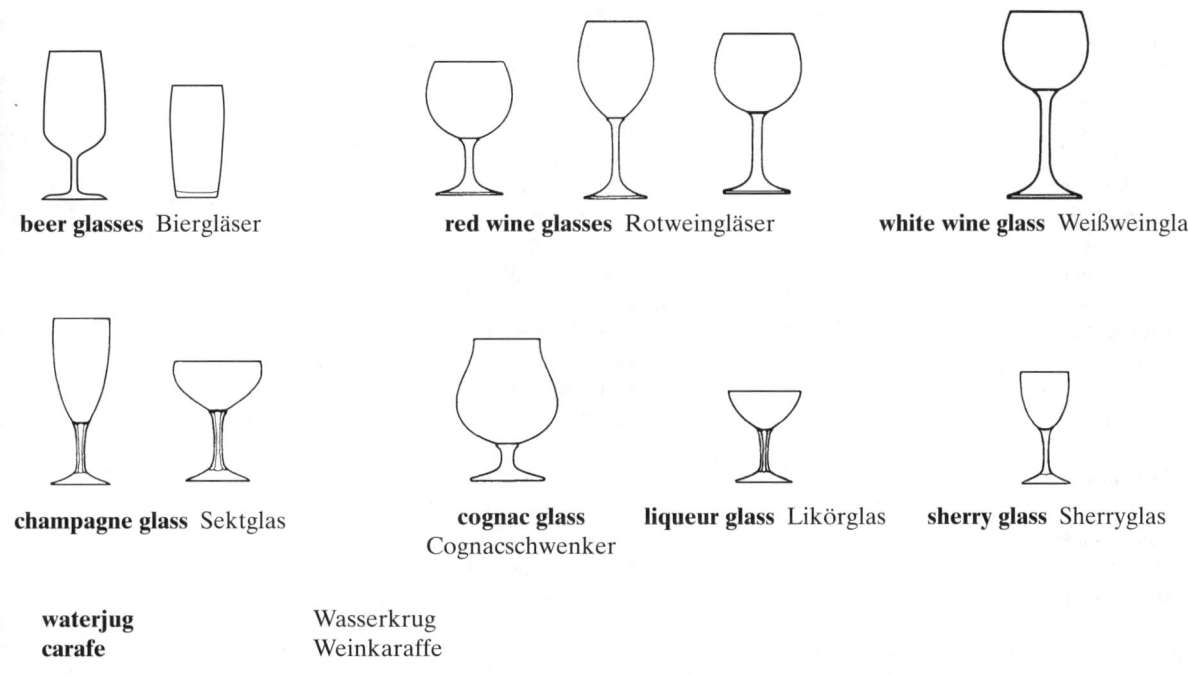

beer glasses Biergläser   **red wine glasses** Rotweingläser   **white wine glass** Weißweinglas

champagne glass Sektglas   **cognac glass** Cognacschwenker   **liqueur glass** Likörglas   **sherry glass** Sherryglas

waterjug	Wasserkrug
carafe	Weinkaraffe

Hinweis: <u>Bargläser</u> mit Abb. im Teil A „Hotel", S. 45

d) cutlery, silverware   Besteck

    table knife   Tafelmesser
    table fork   Tafelgabel
    dinner knife   Tafelbesteck
    dinner fork
    fish knife   Fischmesser
    fish fork   Fischgabel
    steak knife   Steakmesser
    butter knife   Buttermesser
    table spoon   Tafellöffel
    soup spoon   Suppenlöffel
    dessert spoon   Dessertlöffel
    dessert knife   Dessertmesser
    dessert fork   Dessertgabel
    coffee spoon   Kaffeelöffel
    tea spoon   Teelöffel

    lobster cracker   Hummerzange
    lobster pick   Hummergabel
    snail tongs   Schneckenzange
    snail fork   Schneckengabel
    oyster fork   Austerngabel

sugar spoon	Zuckerlöffel
sugar tongs	Zuckerzange
lemon squeezer	Zitronenpresse
ladle	Schöpflöffel
serving spoon	Servierlöffel
carving knife	Tranchiermesser
cheese knife	Käsemesser
dish warmer	Tellerwärmer
hot plate	Warmhalteplatte
chafing dish	Rechaud
wine cooler	Weinkühler
champagne bucket	Sektkübel
tray	Tablett

4. settings

a) <u>tray setting for breakfast</u>

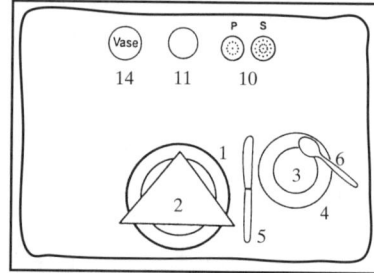

plate (1)
napkin (2)
cup (3)
saucer (4)
knife (5)
tea spoon (6)
tea/coffee pot (7)
cream jug (8)
glass (9)
pepper and salt shakers (10)
sugar bowl (11)
bread basket (12)
egg cup (13)
flower vase (14)
butter and jam (15)

Gedecke

<u>Gedeck auf dem Frühstückstablett</u>

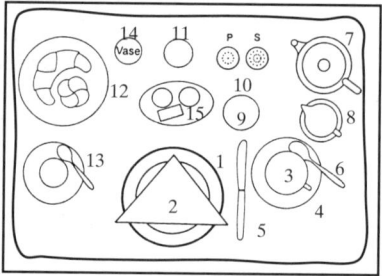

Teller
Serviette
Tasse
Untertasse
Messer
Teelöffel
Tee-/Kaffeekanne
Sahnekännchen
Glas
Pfeffer- und Salzstreuer
Zuckerdose
Brotkorb
Eierbecher
Vase
Butter und Marmelade

b) place settings for lunch or dinner

plate (1)	Teller
napkin (2)	Serviette
fish fork (3)	Fischgabel
table fork (4)	Tafelgabel
table knife (5)	Tafelmesser
fish knife (6)	Fischmesser
soup spoon (7)	Suppenlöffel
butter plate (8)	Butterteller
dessert fork (9)	Dessertgabel
dessert spoon (10)	Dessertlöffel
champagne glass (11)	Champagnerglas
glass for water (12)	Wasserglas
red wine glass (13)	Rotweinglas
white wine glass (14)	Weißweinglas

5. meals

Mahlzeiten

early morning tea	Tasse Tee, am Bett serviert
breakfast	Frühstück
lunch	Mittagessen
brunch (<u>br</u>eakfast + l<u>unch</u>)	spätes Frühstück und frühes Mittagessen in einem (amerikanische Erfindung)
afternoon tea, five o'clock tea	Nachmittagstee
dinner	Abendessen
supper	spätes Abendessen

<u>**functions**</u>

<u>Veranstaltungen</u>

cocktail party	Cocktail
reception	Empfang
buffet dinner	kaltes/warmes Büfett
dinner dance	festliches Abendessen mit Tanz
banquet	Festessen
barbecue	Grillparty
<u>**al fresco**</u> **dining**	Abendessen im Freien
a three-course meal	ein dreigängiges Essen
a three-course lunch	ein dreigängiges Mittagessen
a four-course dinner	ein viergängiges Abendessen
a fixed-price lunch	ein Mittagessen zum Festpreis
an à-la-carte menu	ein Menü, individuell nach der Karte zusammengestellt
a fixed-price menu	ein Menü zum Festpreis
a table d'hôte meal	das gleiche Menü für alle Gäste zur gleichen Zeit

6. service

table service	Service am Tisch
buffet service	Service am Büfett
self service	Selbstbedienung
banquet service	Service bei Festessen für geschlossene Gesellschaften
plate service	Tellerservice
Russian service/French service	russischer Service / französischer Service
	Plattenservice am Tisch
guéridon service	Service vom Beistelltisch aus, engl. Service
(frz.: le guéridon = der Beistelltisch)	

7. breakfast

Frühstück

a) continental breakfast

kontinentales Frühstück

bread/rolls	Brot/Brötchen
butter	Butter
jam/honey	Marmelade/Honig
coffee/tea	Kaffee/Tee
hot chocolate	Schokolade

b) english/american breakfast

	englisches/amerikanisches Frühstück
fruit	Obst
fresh fruit	frisches Obst
fresh half grapefruit	halbe Grapefruit
chilled melon	eisgekühlte Melone
fresh fruit salad	frischer Obstsalat
stewed prunes	Backpflaumen
juice	Saft
orange juice	Orangensaft
grapefruit juice	Grapefruitsaft
tomato juice	Tomatensaft
cereals	Getreideprodukte
f. e. cornflakes etc.	z. B. Cornflakes usw.
porridge	Haferbrei
bread	Brot
toast	Toast
rolls	Brötchen
croissants	Hörnchen
Danish pastry	Blätterteiggebäck
pancakes	Pfannkuchen
French toast	französischer Toast
butter	Butter
jam	Marmelade
marmalade	Orangenmarmelade
honey	Honig
eggs	Eier
soft boiled eggs	weich gekochte Eier
scrambled eggs	Rühreier

poached eggs	pochierte Eier
fried eggs	Spiegeleier
omelettes	Omelettes
bacon	Speck
ham	Schinken
sausages	Würstchen
cold cuts	Aufschnitt
(cold meat and sausages)	
cheese	Käse
coffee	Kaffee
tea	Tee
hot chocolate	Schokolade
hot milk	heiße Milch
cold milk	kalte Milch
cocoa	Kakao

8. the order of courses for lunch and dinner   Die Speisenfolge für Mittag- und Abendessen

starter/appetizer auch frz.: hors d'œuvre	Vorspeise
soup	Suppe
main course and side dishes	Hauptgericht und Beilagen
dessert	Süßspeise
coffee or tea	Kaffee oder Tee

9. the menu

Die Speisekarte

appetizers	Vorspeisen
soups	Suppen
fish	Fisch
main courses, auch frz. entrées	Hauptgerichte
cheese	Käse
desserts	Süßspeisen

Hinweis:
Diese grundlegende Gliederung der Speisekarte (nach der Speisenfolge im Menü) wird meist erweitert durch Unterteilen der einzelnen Gruppen, z. B. bei den Hauptgerichten:

poultry	Geflügelgerichte
lamb and mutton	Gerichte vom Lamm und vom Hammel
porc	Gericht vom Schwein
veal	Gerichte vom Kalb
beef	Gerichte vom Rind
game	Gerichte vom Wild
roasts	Braten
from the grill	Grillgerichte
from the pan etc.	aus der Pfanne, Pfannengerichte usw.

10. beverages   Getränke

Hinweis:
Getränke auch im Teil A „Hotel" S. 46 ff. Hier beschränken sich die Getränke auf solche, die von den Gästen zum Essen bestellt werden.

a drink	ein Getränk
an alcoholic drink	ein alkoholisches Getränk
a non-alcoholic drink/soft drink	ein alkoholfreies Getränk
spirits	Spirituosen
apéritifs	Aperitifs
wines	Weine
liqueurs	Liköre
water	Wasser
still mineral water	Mineralwasser ohne Kohlensäure
mineral water	Mineralwasser
lemonade	Limonade
<u>**wines**</u>	<u>Weine</u>
red wine	Rotwein
white wine	Weißwein
rosé	Rosé
sparkling wine	Schaumwein
champagne	Champagner, Sekt

73

types of wines

medium sweet white wine
sweet white wine
medium dry white wine
dry white wine
light red wine
full-bodied red wine

a bottle of wine
a half bottle
a carafe
a glass of wine
chilled wine
at room temperature
sediment
vintage
label

beer

draught beer
bottled beer
ale
stout, porter
lager

Art der Weine

lieblicher Weißwein
süßer Weißwein
halb trockener Weißwein
trockener Weißwein
leichter Rotwein
kräftiger Rotwein

eine Flasche Wein
eine halbe Flasche Wein
eine Karaffe
ein Glas Wein
gekühlter Wein
temperiert
Ablagerung (Bodensatz)
(guter) Jahrgang
Weinetikett

Bier

Bier vom Fass
Flaschenbier
helles (obergäriges) Bier
dunkle Biere
helles Lagerbier

Hinweis:
<u>Speisen</u> erscheinen im Teil C „Küche".

11. the bill   Die Rechnung

bill	Rechnung
receipt	Quittung
change	Wechselgeld
tip, gratuity	Trinkgeld
cover charge	Kosten für das Gedeck
service charge	Bedienungszuschlag
sales tax	Mehrwertsteuer

<u>**mode of payment**</u>   <u>Art der Bezahlung</u>

cash	bar
in local currency	in Landeswährung
in foreign currency	in ausländischer Währung
by cheque	mit Scheck
by traveller's cheques	mit Reiseschecks
by credit card	mit Kreditkarte

Hinweise auf der Speisekarte und Hinweisschilder im Restaurant:

All prices are exclusive of ...% tax and ...% service charge.
Alle Preise verstehen sich zuzüglich ... % Umsatzsteuer und ...% Service.

...% service charge will be added to your bill.
...% Serviceentgelt wird auf die Rechnung aufgeschlagen.

All prices include ...% tax and ...% service charge.
Alle Preise beinhalten ...% Umsatzsteuer und ...% Service.

All major credit cards accepted.
Alle gängigen Kreditkarten werden akzeptiert.

We regret we do not accept credit cards.
Wir akzeptieren leider keine Kreditkarten.

II. Dialoge im Restaurant

Dialog 1 (reserving a table by telephone / Tischreservierung, telefonisch)

R: Riverside restaurant.
Good morning. Can I help you?

G: I would like to book a table.
At what time do you serve lunch?

R: We serve lunch from 12.00 to 2.00 p.m.

G: I see. I would like then to reserve a table for six.

R: At what time, Sir?

G: At one o'clock, please.

R: Very well. What is your name, please?

G: Miller, Charles Miller.

R: OK.
A table for six at 1 p.m. Thank you, Sir.

G: Thank you. Goodbye.

R: Restaurant Riverside.
Guten Tag. Kann ich Ihnen helfen?

G: Ich möchte gern einen Tisch reservieren.
Wann kann man bei Ihnen zu Mittag essen?

R: Mittagessen servieren wir von 12.00 bis 14.00 Uhr.

G: Aha. Ich würde dann gern einen Tisch
für sechs Personen reservieren.

R: Für wann, bitte?

G: Für 13.00 Uhr bitte.

R: Gut. Wie ist Ihr Name, bitte?

G: Miller, Charles Miller.

R: Alles klar. Einen Tisch für sechs Personen
für 13.00 Uhr. Vielen Dank.

G: Ich danke Ihnen. Auf Wiederhören.

Alternative 1 (negativ)

R: *Riverside restaurant.*
   Good morning. Can I help you?

G: I would like to book a table.
   At what time do you serve lunch?

R: *I am very sorry, Sir. We don't serve lunch.*
   We are only open for dinner.

R: *Restaurant Riverside.*
   Guten Tag. Kann ich Ihnen helfen?

G: Ich möchte gern einen Tisch reservieren.
   Wann kann man bei Ihnen zu Mittag essen?

R: *Es tut mir leid. Wir haben mittags geschlossen.*
   Wir haben nur abends geöffnet.
   (wörtlich: Wir servieren kein Mittagessen.
   Wir haben nur für's Abendessen geöffnet.)

Alternative 2 (negativ)

R: *Riverside restaurant.*
   Good morning. Can I help you?

G: I would like to book a table.
   At what time do you serve lunch?

R: *I'm terribly sorry, Sir.*
   We are fully booked for lunch.

R: *Restaurant Riverside.*
   Guten Tag. Kann ich Ihnen helfen?

G: Ich möchte gern einen Tisch reservieren.
   Wann kann man bei Ihnen zu Mittag essen?

R: *Es tut mir wirklich sehr leid.*
   Wir sind zu Mittag völlig ausgebucht.

Alternative 3 (negativ)

R: *Riverside restaurant.*
   Good morning. Can I help you?

G: I would like to book a table for six at one o'clock.

R: *Oh, I'm so sorry.*
   I don't have a table for six at one o'clock.
   Could you come at one thirty instead?
   Would that be all right for you, Sir?

R: *Restaurant Riverside.*
   Guten Tag. Kann ich Ihnen helfen?

G: Ich möchte gern einen Tisch
   für sechs Personen um 13.00 Uhr reservieren.

R: *Oh, das tut mir aber leid.*
   Ich habe um 13.00 Uhr keinen Tisch mehr.
   Könnten Sie nicht um 13.30 Uhr kommen?
   Wäre das wohl möglich?

Wortschatz	to book a table	einen Tisch reservieren
	to reserve a table	
	to serve lunch/dinner	Mittagessen/Abendessen servieren
	from ... to ... o'clock	von ... bis ... Uhr
	at ... o'clock	um ... Uhr
	for ... o'clock	für ... Uhr
	a table for six	einen Tisch für sechs Personen
	open for lunch/dinner	mittags, abends geöffnet
	fully booked	ausgebucht

Satzbausteine	Can I help you?	Kann ich Ihnen helfen?
	I would like to ...	Ich möchte gern ...
	At what time?	Um wie viel Uhr wann?
	I see.	Aha.
	Very well.	Gut.
	What is your name?	Wie ist Ihr Name? Wie heißen Sie?
	I'm sorry.	Es tut mir leid.
	I'm terribly sorry.	Es tut mir schrecklich leid.
	I don't have a table.	Ich habe keinen Tisch mehr.
	Could you come at ... o'clock?	Könnten Sie um ... Uhr kommen?
	Would that be all right?	Ist das o.k.? Wäre das möglich?

<u>Dialog 2</u> (**receiving guests /** Gäste empfangen)

R: *Good evening, Madam. Good evening, Sir.*

G: A table for two, please.

R: *Do you have a reservation?*

G: Yes. We do have a reservation.

R: *What is your name please?*

G: Miller, Charles Miller.

R: *Oh, I see. Please come this way.*
I will show you to your table.

G: Could you take our coats, please?

R: *Good evening, madam. Good evening, Sir.*
Here are the menus and the wine list.

G: Thank you very much.

R: *Would you like to order an apéritif?*

G 1: Yes, please. I will have a Campari Soda.

G 2: And I will take a dry Sherry.

R: *Very well.*

R: *Guten Abend.*

G: Einen Tisch für zwei Personen, bitte.

R: *Haben Sie reserviert?*

G: Ja. Wir haben reserviert.

R: *Wie ist Ihr Name, bitte?*

G: Miller, Charles Miller.

R: *Oh ja. Bitte kommen Sie.*
Ich bringe Sie zu Ihrem Tisch.

G: Könnten Sie uns die Mäntel abnehmen?

R: *Guten Abend.*
Hier sind die Speisekarten und die Weinkarte.

G: Danke schön!

R: *Möchten Sie einen Aperitif?*

G 1: O ja, ich hätte gern einen Campari Soda.

G 2: Und ich nehme einen trockenen Sherry.

R: *Gut.*

Wortschatz	reservation	Reservierung
	to come	kommen
	to show ... to	bringen zu ...
	to take	nehmen
	coat	Mantel
	menu	Speisekarte
	wine list	Weinkarte
	to order	bestellen

Satzbausteine	Good evening, <u>Sir.</u>	Guten Abend.
	Good evening, <u>madam.</u>	Guten Abend.
	a table for two	einen Tisch für zwei Personen
	Do you have a reservation?	Haben Sie reserviert?
	We <u>do</u> have a reservation.	Wir haben reserviert (nachdrücklich).
	What is your name?	Wie ist Ihr Name?
	Oh, I see.	O ja.
	Come this way.	Kommen Sie mit/kommen Sie hier entlang.
	I will show you to ...	Ich bringe Sie zu ...
	Could you ...?	Könnten Sie ...?
	Here is/are ...	Hier ist/sind ...
	Would you like to order?	Möchten Sie ... bestellen ?
	I will have ...	Ich hätte gern ...
	I will take ...	Ich nehme ...
	Bring me/us ...	Bringen Sie mir/uns ...
	very well	o. k./gut

Dialog 3 (**taking orders /** Bestellungen aufnehmen)

R: *Would you like to order?*

G: Yes, please. We would like the soup of the day and the prawn cocktail.

R: *What would you like to follow?*

G 1: I think, I will have the fish.

G 2: And I would like a rumpsteak.

R: *How would you like your steak, Sir?*

G 2: Medium rare, please.

R: *What kind of vegetables would you like with your fish, madam?*

G 1: I would like the scalloped potatoes and green beans.

R: *And you, Sir?*

G 2: I think, I will take French fried potatoes and a mixed salad.

R: *Very well. Thank you.*

R: *Möchten Sie bestellen?*

G: Ja, bitte. Wir hätten gern einmal die Tagessuppe und den Krabbencocktail

R: *Und dann?*

G 1: Ich glaube, ich nehme den Fisch.

G 2: Und ich hätte gern ein Rumpsteak.

R: *Wie möchten Sie Ihr Steak?*

G 2: Medium, bitte.

R: *Welches Gemüse hätten Sie gern zum Fisch?*

G 1: Ich hätte gern die gratinierten Kartoffeln und grüne Bohnen.

R: *Und Sie, bitte?*

G 2: Ich glaube, ich nehme Pommes frites und einen gemischten Salat.

R: *Gut. Vielen Dank.*

Wortschatz

to order	bestellen
soup of the day	Tagessuppe
to follow	folgen
to think	denken, glauben
vegetables	Gemüse

Satzbausteine

Would you like to order?	Möchten Sie bestellen?
We would like .../I would like ...	Wir/Ich hätte/n gern ...
What would you like to follow?	Was möchten Sie dann?
I think, I will have/ I think, I will take ...	Ich glaube, ich nehme ...
How would you like ...?	Wie möchten Sie ...?
What kind of ...?	Welch ...?
And you, Sir/madam?	Und Sie, bitte?
Very well.	Gut/o. k.

<u>Dialog 4</u> (**explaining dishes /** Gerichte erklären)

R: What would you like to have for starters?

G: I will have the melon with Parma ham, please.

R: And for the main course?

G: What is the „Bœuf bourguignon"?

R: It is beef, braised in red wine.

G: I see. I think, I will rather have the pork roast.

R: Very well, Sir.

R: Was möchten Sie als Vorspeise?

G: Ich nehme die Melone mit Parmaschinken, bitte.

R: Und als Hauptgang?

G: Was ist „Bœuf bourguignon"?

R: Das ist Rindfleisch, in Rotwein geschmort.

G: Aha. Ich glaube,
   ich nehme doch lieber den Schweinebraten.

R: Gut.

| **Wortschatz** | **starter, appetizer** | Vorspeise |
| | **main course** | Hauptgang |

Satzbausteine	**What would you like for ...?**	Was möchten Sie als ...?
	I will have ...	Ich nehme ...
	I will rather have ...	Ich nehme doch lieber ...
	What is/are ...?	Was ist/sind ...?
	Very well.	Gut, o.k.

Dialog 5 (**taking orders for drinks /** Bestellungen für Getränke aufnehmen)

R: *What would you like to drink with your meal?*

R: *Was möchten Sie zum Essen trinken?*

G: I think, we will have some white wine.
   Which one is dry?

G: Ich denke, wir nehmen Weißwein.
   Welcher Wein ist trocken?

R: *I would recommend the .... It is very good.*

R: *Ich würde den ... empfehlen. Er ist sehr gut.*

G: OK, then. We will try it.

G: Gut. Wir probieren ihn.

R: *Would you like some mineral water as well?*

R: *Möchten Sie auch Mineralwasser?*

G: Oh yes. A bottle of still mineral water, please.

G: O ja. Eine Flasche Mineralwasser
   ohne Kohlensäure, bitte.

R: *Certainly. Thank you.*

R: *Ja. Danke.*

Wortschatz	meal	Essen
	dry	trocken
	to recommend	empfehlen
	... as well	auch ...
	some white wine	Weißwein (unbestimmte Angabe)
	a bottle of white wine	eine Flasche Weißwein

Satzbausteine	**What would you like to drink?**	Was möchten Sie trinken?
	... with your meal?	... zum Essen?
	I think, we will have ...	Ich glaube, wir nehmen ...
	Which one is ...?	Welche/r ist ...?
	I would recommend ...	Ich würde ... empfehlen
	We will try ...	Wir probieren ...
	Would you like some ...	Möchten Sie ... (unbestimmte Angabe)
	certainly	Ja, gut.

Dialog 6 (**recommending dishes** / Empfehlen von Speisen)

R: *Is everything all right, Sir? Is there anything you want?*

G: Yes. I would like to have some dessert.
What do you suggest?

R: *I would suggest, you try our cheese cake
or the chocolate mousse.*

G: Is there any fresh fruit?

R: *Yes, there is and we also serve cheese
from the cheese board.*

G: I think, I will try the cheese cake.

R: *Would you like to have coffee or tea?*

G: Yes. I would like a cup of
decaffeinated coffee, please.

R: *Ist alles in Ordnung? Wünschen Sie noch etwas?*

G: Ja. Ich hätte gern eine Nachspeise.
Was würden Sie mir vorschlagen?

R: *Ich würde Ihnen vorschlagen, unseren Käsekuchen
oder die Mousse au chocolat zu probieren.*

G: Gibt es auch frisches Obst?

R: *Ja, und wir servieren auch Käse vom Brett.*

G: Ich denke, ich werde den Käsekuchen nehmen.

R: *Hätten Sie gerne Kaffee oder Tee?*

G: Ja. Ich hätte gern eine Tasse
koffeinfreien Kaffee, bitte.

Wortschatz	everything all right	alles in Ordnung
	<u>any</u>thing	etwas (<u>bei Fragen</u>)
	<u>some</u>thing	etwas (<u>bei Aussagen</u>)
	to want	wünschen
	<u>some</u> dessert	Nachtisch
		(unbestimmte Angabe, bei Aussagen)
	to suggest	vorschlagen
	to try	probieren
	<u>any</u> fresh fruit	frisches Obst (unbestimmte Angabe, bei Fragen)
	also	auch
	from the cheese board	vom Käsebrett
	a cup of coffee	eine Tasse Kaffee
	(**aber: a coffee cup** = eine Kaffeetasse!)	
	decaffeinated	koffeinfrei

Satzbausteine	Is everything all right?	Ist alles in Ordnung?
	Is there anything you want?	Wünschen Sie etwas?
	I would like to have ...	Ich hätte gern ...
	What do you suggest?	Was schlagen Sie vor?
	I would suggest ...	Ich würde vorschlagen ...
	Is there <u>any</u> ...?	Gibt es ...? (unbestimmte Angabe)
	Yes, there is.	Ja. (Antwort auf die vorherige Frage)
	We also serve ...	Wir servieren auch ...
	I think, I will try ...	Ich glaube, ich probiere ...
	Would you like to have ...?	Hätten Sie gern ...?

Dialog 7 (**complaints /** Reklamationen)

a) G: Waiter!

R: *Yes, Sir?*

G: We have been waiting for our main courses for 15 minutes.

R: *I am terribly sorry.*
I will speak to the kitchen right away.

G: Herr Ober!

R: *Ja, bitte?*

G: Wir warten auf unseren Hauptgang schon 15 Minuten.

R: *Das tut mir sehr leid.*
Ich werde sofort in der Küche nachfragen.

b) G: Waiter!

R: *Yes, can I help you?*

G: Can we have some more bread, please?

R: *Certainly, madam. I will get you some.*

G: Herr Ober!

R: *Ja, bitte, kann ich Ihnen helfen?*

G: Können wir noch etwas Brot haben?

R: *Natürlich. Ich hole Ihnen noch etwas Brot.*

c) G: Waiter!

R: *Yes, Sir. Is there anything wrong?*

G: Yes. The steak is ...

R: *What is the problem, Sir?*

G: It is overcooked. I ordered it medium rare.

R: *I am sorry about that.*
I will have it replaced.

G: Herr Ober!

R: *Ja, bitte. Ist irgendetwas nicht in Ordnung?*

G: Ja. Das Steak ist ...

R: *Was ist denn mit dem Steak?*

G: Es ist zu lange gebraten.
Ich hatte es medium bestellt.

R: *Das tut mir aber leid.*
Ich werde Ihnen ein anderes bringen.

Wortschatz	waiter	Kellner
	to wait for ...	warten auf etwas
	to wait for 5 minutes	5 Minuten warten
	to speak to ...	sprechen
	some more bread	noch etwas Brot
	to get	holen
	wrong	falsch, nicht in Ordnung
	to overcook	zu lange kochen, braten etc.
	overcooked	zu lange gekocht, gebraten etc.
	to replace	etwas ersetzen, etwas anderes bringen

Satzbausteine	Waiter!	Herr Ober!
	We have been waiting for ...	Wir warten schon ...
	I will speak to ...	Ich werde mit ... sprechen.
	Can we have ...?	Können wir ... haben?
	I will get you some.	Ich werde Ihnen welche/s holen/bringen.
	Is there anything wrong?	Ist etwas nicht in Ordnung?
	What is the problem?	Wo liegt das Problem? / Was ist denn?
	I ordered it ...	Ich habe es ... bestellt.
	I am sorry about that.	Das tut mir aber leid.
	I will have it replaced.	Ich werde Ihnen ein anderes bringen.

Dialog 8 (payment / Bezahlung)

G: I would like to have my bill, please.

R: *Here is your bill, Sir.*

G: Thank you. Can I pay by credit card?

R: *I am very sorry, Sir.*
   We do not accept credit cards.
   But you can pay by cheque.

G: Then I would rather like to pay cash.
   Do you take US $?

R: *Yes, of course.*

G: Here you are. Keep the change.

R: *Thank you very much, Sir. Here is your receipt.*
   I hope you enjoyed your dinner.
   Please come again.

G: Ich hätte gern die Rechnung, bitte.

R: *Hier, bitte.*

G: Danke. Kann ich mit der Kreditkarte bezahlen?

R: *Es tut mir sehr leid.*
   Wir nehmen keine Kreditkarten.
   Aber Sie können mit Scheck bezahlen.

G: Dann würde ich lieber bar bezahlen.
   Nehmen Sie US $?

R: *Ja, natürlich.*

G: Hier bitte, der Rest ist für Sie.

R: *Vielen Dank. Hier Ihre Quittung.*
   Ich hoffe, es hat Ihnen geschmeckt.
   Kommen Sie bald wieder.

Wortschatz	bill	Rechnung
	to pay by credit card/	mit der Kreditkarte/
	by cheque/cash	mit Scheck/bar bezahlen
	to accept	annehmen, nehmen
	to take	nehmen
	of course	natürlich
	to keep	behalten
	change	Wechselgeld
	receipt	Quittung
	to hope	hoffen
	to enjoy	sich an etwas freuen, etwas gut finden
	to come again	wiederkommen

Satzbausteine	I would like to have my bill.	Ich hätte gern meine Rechnung.
	Can I pay by ...?	Kann ich mit ... bezahlen?
	We do not accept ...	Wir nehmen kein/e ...
	You can pay by ...	Sie können mit ... bezahlen.
	I would rather/I would prefer to ...	Ich würde lieber ...
	Do you take ...?	Nehmen Sie ...?
	Yes, of course.	Ja, natürlich.
	Here you are.	Hier, bitte.
	Keep the change.	Der Rest (das Wechselgeld) ist für Sie.
	Here is your receipt.	Hier ist Ihre Quittung.
	I hope you enjoyed it.	Ich hoffe, es hat Ihnen gefallen (Essen: geschmeckt).
	Please come again.	Kommen Sie bald wieder.

1. the kitchen staff / Die Küchenbrigade

head chef
frz.: chef de cuisine
Küchenchef
assistant chef
frz.: sous chef
Stellvertreter

the station chefs   frz.: les chefs de partie   die Chefköche der einzelnen Posten

hors d'œuvrier	soup-cook	sauce-cook	vegetable-cook
frz.: hors d'œuvrier	frz.: potager	frz.: saucier	frz.: entremetier
Vorspeisenkoch	Suppenkoch	Saucenkoch	Gemüsekoch
roast-cook	**fish-cook**	**the cook at the grill**	**gardemanger**
frz.: rôtisseur	frz.: poissonnier	frz.: grillardin	frz.: gardemanger
Bratenkoch	Fischkoch	Koch am Grill	Koch der kalten Küche

butcher	stand-in for all cooks	pastry-cook
frz.: boucher	frz.: tournant	frz.: pâtissier
Küchenfleischer	Vertretungskoch	Küchenkonditor

junior cook / assistant cook
frz.: commis
Jungkoch
trainee
frz.: apprenti
Lehrling / Auszubildende/r

Hinweis:
International gebräuchlich sind die französischen Funktionsbezeichnungen, deshalb gibt es für manche französischen Bezeichnungen keine entsprechenden englischen.

2. pots, pans and kitchen utensils

Töpfe, Pfannen und Küchengeräte

stock pot	hoher Kochtopf
lid	Deckel
casserole	halb hoher Kochtopf
pan	Kasserolle
saucepan	Stielkasserolle
frying pan	Bratpfanne
roasting pan	Bratenpfanne
kettle	Kessel
fish kettle	Fischkessel
deep frier	Fritteuse
double boiler	Wasserbadkasserolle
kitchen knife	Küchenmesser
butcher's knife	Fleischmesser
chopping knife	Hackmesser
paring knife	Schälmesser
chopping board	Schneidebrett
cooking spoon	Kochlöffel
skimmer	Schaumlöffel
ladle	Schöpflöffel
whisk	Schneebesen
meet fork	Fleischgabel
larding needle	Spicknadel
spatula	Palette
scissors	Schere
tin-opener	Dosenöffner

baking tin	Backform
baking sheet	Backblech
mould	Form
soufflé dish	Souffléform
measuring cup	Messbecher
mixing bowl	Schüssel
rolling pin	Teigrolle
colander	Abtropfsieb
sieve	Sieb
strainer	Passiersieb
meat mincer	Fleischwolf
mixer/blender	Mixer
electric range	Elektroherd
grill	Grill
oven	Backofen
sink	Spülbecken
dishwasher	Geschirrspüler
refrigerator	Kühlschrank
cold store	Kühlraum

3. Working in the kitchen

cleaning food

to wash	waschen
to rinse	abspülen
to clean	säubern
to cut ... off	wegschneiden
to trim ... off	abschneiden
to pare	schälen
to peel	schälen
to shell	" (Eier, Nüsse)
to husk	" (Hülsenfrüchte)
to skin	häuten

cutting food

to shred	raspeln
to grate	reiben
to chop	grob hacken
to mince	fein hacken
to fillet	filetieren
to cut	schneiden
to slice/to cut into slices	in Scheiben schneiden
to cut into thick slices	in dicke Scheiben schneiden
to cut into thin slices	in dünne Scheiben schneiden
to dice	würfeln
to cut into strips	in Streifen schneiden

Arbeiten in der Küche

säubern, reinigen, putzen

zerkleinern, schneiden

to julienne	in feine Streifen schneiden
to grind	mahlen
to mash	pürieren
to carve	aufschneiden, tranchieren

preparing food — vorbereiten, zubereiten, fertigstellen

to bone	entbeinen
to soak	einweichen
to marinate	marinieren
to steep in ...	mazerieren
to flavour	aromatisieren
to season	würzen
to salt	salzen
to pepper	pfeffern
to sprinkle with ...	bestreuen mit ...
to sweeten	süßen
to melt	schmelzen (lassen)
to add	hinzufügen
to mix, to blend	mischen
to beat, to whisk, to whip	schlagen
to sift	sieben
to knead	kneten
to pour	gießen
to stir	rühren
to brown	bräunen (lassen)
to baste	beschöpfen
to skim	abschäumen

to cover	bedecken
to uncover	den Deckel abnehmen
to turn	wenden
to lard	spicken (mit Speck)
to grease	fetten, einfetten, (Formen)
to stuff	füllen (z. B. das Gemüse)
to fill	füllen (z. B. die Form)
to thicken *, to reduce*	eindicken
to strain	passieren
to fold in/to incorporate	einarbeiten
to unmould	stürzen
to toss	mischen (Salat)
to coat	bedecken, nappieren
to garnish	garnieren
to decorate	dekorieren
to cool	abkühlen (lassen)
to chill	kühlen
to freeze	gefrieren (lassen)
to glaze	1. glacieren
	2. glasieren
to frost/to ice	glasieren (mit Zuckerguss)

methods of cooking

Garmethoden

to cook	kochen, allgemein
to steam	dämpfen, in Dampf garen
to poach	pochieren *im heißen Wasserbad erhitzen unterhalb des Siedepunktes*

101

to boil	kochen
to braise	dünsten
to stew	schmoren
to (pan) fry	braten, in der Pfanne
to grill	grillen
to roast	braten, im Ofen
to (deep) fry	frittieren
to bake	backen, garen im Ofen
to simmer	köcheln lassen
to smoke	räuchern
to scald	abbrühen
to parboil/to blanch	blanchieren
to sear	(Fleisch) anbraten
to singe	abflämmen (Geflügel)

4. spices and herbs — Gewürze und Kräuter

spices — Gewürze

anise	Anis
cayenne pepper	Cayennepfeffer
caraway seed	Kümmel
cardamon	Kardamom
chilli	Chili
cinnamon	Zimt
cloves	Nelken

coriander	Koriander
curry	Curry
ginger	Ingwer
juniper berries	Wacholderbeeren
mace	Muskat
mustard seed	Senfkörner
nutmeg	Muskatnuss
paprika	Paprika
black pepper	schwarzer Pfeffer
white pepper	weißer Pfeffer
pepper corns	Pfefferkörner
saffron	Safran
vanilla	Vanille

herbs / Kräuter

basil	Basilikum
bay leaf	Lorbeerblatt
chervil	Kerbel
chives	Schnittlauch
dill	Dill
garlic	Knoblauch
horse-radish	Meerrettich
majoram	Majoran
mint	Minze
origano	Oregano
parsley	Petersilie
rosemary	Rosmarin

sage	Salbei
tarragon	Estragon
thyme	Thymian
capers	Kapern

5. foodstuffs, ingredients

Lebensmittel, Zutaten

dairy products

Milchprodukte

milk	Milch
cream	Sahne
sour cream	saure Sahne
yoghurt	Joghurt
cheese	Käse
butter	Butter

fats and oils

Fette und Öle

butter	Butter
margarine	Margarine
oil	Öl
olive oil	Olivenöl
lard	Schmalz

cereal products

Getreideprodukte

barley	Gerste
corn	Mais

oats	Hafer
wheat	Weizen
rice	Reis
flour	Mehl
cornstarch/cornflour	Stärke
noodles	Nudeln
breadcrumbs	Paniermehl

other products   <u>andere Produkte</u>

salt	Salz
sugar	Zucker
icing, frosting sugar	Puderzucker
yeast	Hefe
chocolate powder	Schokoladenpulver
vinegar	Essig
mustard	Senf
tomato paste	Tomatenmark

instant food	z. B. Extrakte, Pulver
convenience food	vorgefertigte Produkte, die küchenfertig, garfertig oder servierfertig sind

6. hors d'œuvres

Vorspeisen

cold hors d'œuvres

assorted hors d'œuvres	Vorspeisenplatte
cocktail	Cocktail
salad	Salat
cold cuts	Aufschnitt
cold meat	kaltes Fleisch
caviar	Kaviar
goose liver	Gänseleber
oysters	Austern
smoked salmon	Räucherlachs
smoked ham	geräucherter Schinken
pickled ox-tongue	Pökelzunge
chilled melon	geeiste Melone

kalte Vorspeisen

Hinweis:
Auf der Speisekarte werden vor allem auch die französischen Fachausdrücke gebraucht, die international gebräuchlich sind (z. B. canapé, paté, terrine, mousse, galantine usw.).

warm hors d'œuvres

toast	überbackener Toast
pie	Pastete
patty	Pastetchen
fritters	in Teig Ausgebackenes
tart	salziger Kuchen
tartlet	salziges Törtchen
pancakes	Pfannkuchen
snails	Schnecken

warme Vorspeisen

Hinweis:
Auch hier werden vor allem die französischen Fachausdrücke für Vorspeisen gebraucht (z. B. bouchée, quiche, timbale, soufflée usw.).

7. eggs and egg dishes

Eier und Eierspeisen

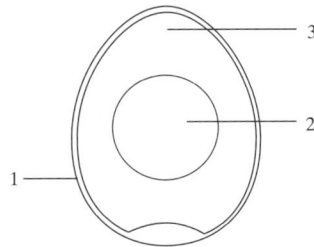

egg shell (1)   Eierschale
egg yolk (2)   Eigelb
egg white (3)   Eiweiß

<u>eggs</u>   <u>Eier</u>

duck egg   Entenei
goose egg   Gänseei
quail egg   Wachtelei

<u>egg dishes</u>   <u>Eierspeisen</u>

soft boiled eggs   weiche Eier
hard boiled eggs   hart gekochte Eier
poached eggs   pochierte Eier   *im Wasserbad erhitzt (nicht gekocht)*
scrambled eggs   Rühreier
omeletts   Omeletts
fried eggs   Spiegeleier
pancakes   Pfannkuchen

8. soups   Suppen

a) <u>stocks</u>   <u>Grundbrühen</u>

    beef stock   Fleischbrühe
    veal stock   Kalbsbrühe
    chicken stock   Geflügelbrühe
    fish stock   Fischbrühe

    brown veal stock   braune Kalbsbrühe
    game stock   Wildbrühe

b) <u>basic soups</u>   <u>Hauptsuppen</u>

    clear soups   klare Suppen
    vegetable soups   Gemüsesuppen
    velouté soups   Samtsuppen
    cream soups   Cremesuppen
    puree soups   Püreesuppen

c) <u>Beispiele:</u>

    <u>clear soups</u>   <u>klare Suppen</u>

    broth   Bouillon
    consommé (frz.: consommé)   Kraftbrühe
    double consommé (frz.: consommé double)   doppelte Kraftbrühe

clear chicken soup	Geflügelkraftbrühe
clear fish soup	Fischkraftbrühe
clear game soup	Wildkraftbrühe
<u>**vegetable soups**</u>	<u>Gemüsesuppen</u>
French onion soup	Zwiebelsuppe
Italian vegetable soup	Minestrone
<u>**velouté soups**</u>	<u>Samtsuppen</u>
chicken (velouté) soup	Geflügelsamtsuppe
cauliflower (velouté) soup	Blumenkohlsamtsuppe
asparagus (velouté) soup	Spargelsamtsuppe
<u>**cream soups**</u>	<u>Cremesuppen</u>
cream of tomato (soup)	Tomatencremesuppe
cream of morel (soup)	Morchelcremesuppe
creamed shrimp soup	Krabbencremesuppe
<u>**puree soups**</u>	<u>Püreesuppen</u>
potato puree soup	Kartoffelsuppe
carrot puree soup	Karottensuppe
lentil soup	Linsensuppe

9. fish

Fisch

a) <u>sweet water fish</u>

<u>Süßwasserfische</u>

carp	Karpfen
eel	Aal
pike	Hecht
salmon	Lachs
trout	Forelle
salmon trout	Lachsforelle
crayfish	Flusskrebs
froglegs	Froschschenkel

b) <u>salt water fish</u>

<u>Meeresfische</u>

anchovy	Sardelle
angler-fish	Seeteufel
bream	Goldbrasse
cod	Kabeljau
conger eel	Meeraal
flounder	Flunder
haddock	Schellfisch
hake	Seehecht
herring	Hering
John Dory	Peterfisch
mackerel	Makrele
(red) **mullet**	Barbe

plaice	Scholle
ray	Rochen
sardine	Sardine
seabass	Wolfsbarsch
sole	Seezunge
tunafish	Thunfisch
turbot	Steinbutt
whiting	Weißfisch
squid	Tintenfisch

Zubereitungen aus Fisch

smoked trout	geräucherte Forelle
smoked salmon	Räucherlachs
smoked eel	Räucheraal
salted cod	Stockfisch
smoked haddock	geräucherter Schellfisch
kippers	Bücklinge
pickled herrings	saure Heringe

c) <u>**seafood**</u>   <u>Meeresfrüchte</u>

<u>**mussels, shellfish**</u>   <u>Muscheln, Schalentiere</u>

oysters	Austern
scallops	Jakobsmuscheln
mussels	Miesmuscheln
clams	Venusmuscheln
cockles	Herzmuscheln

<u>**crustaceans**</u>   <u>Krustentiere</u>

lobster	Hummer
crawfish	Languste
prawns	Krabben, Garnelen (groß)
shrimps	Krabben, Garnelen (klein)
crab	Taschenkrebs

sea urchin	Seeigel
spider crab	Seespinne
turtle	Meeresschildkröte

crayfish   Flußkrebs

10. meat

Fleisch

beef	Rindfleisch
veal	Kalbfleisch
pork	Schweinefleisch
mutton	Hammelfleisch
lamb	Lammfleisch

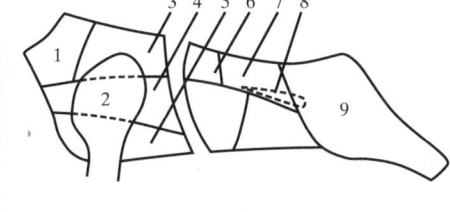

meat cuts   <u>Fleischteile</u>

a) beef   <u>Rind</u>

(1) neck	Kamm
(2) shoulder	Bug
(3), (4) ribs	Fehlrippe, Spannrippe
(5) brisket	Brust
(6) sirloin	Hochrippe
(7) rump	Roastbeef
(8) fillet, tenderloin	Filet
(9) round and shank	Keule

Einteilung des Roastbeefs (**sirloin**)

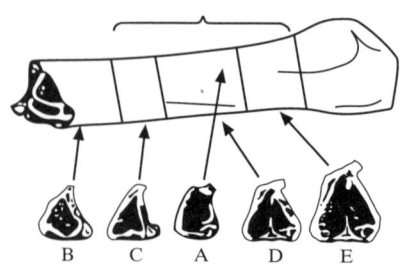

A) sirloin steak	Zwischenrippenstück frz.: entrecôte
double sirloin steak	doppeltes Zwischenrippenstück frz.: entrecôte double
B) rib steak	Kotelett frz.: côte de bœuf
C) Club steak	
D) T-bone steak	
E) Porterhouse steak	

Einteilung des Rinderfilets (**tenderloin, fillet**)

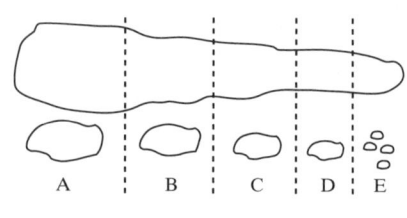

A) double tenderloin steak	Doppelte Lendenschnitte frz.: chateaubriand
B) tenderloin/fillet steak	Filetsteak
C) small fillet steak	Tournedos
D) very small fillet steak	Filet mignon
E) fillet goulash	Filetgulasch

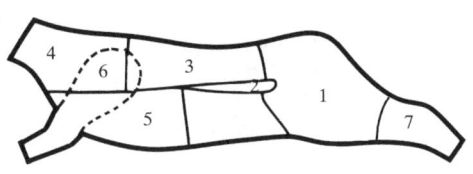

b) <u>veal</u>   <u>Kalb</u>

(1) leg   Keule
(2) fillet, tenderloin   Filet
(3) loin   Rücken
(4) neck   Hals
(5) breast   Brust
(6) shoulder   Schulter
(7) knuckle   Haxe

c) <u>pork</u>   <u>Schwein</u>

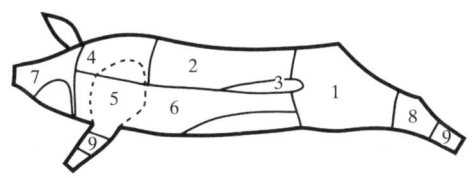

(1) hind leg, fresh ham   Schinken
(2) loin   Kotelettstück
(3) fillet, tenderloin   Filet
(4) neck   Kamm
(5) shoulder   Bug, Schulter
(6) belly   Bauch
(7) jowl   Kopf
(8) hock   Haxe
(9) knuckle   Spitzbein

115

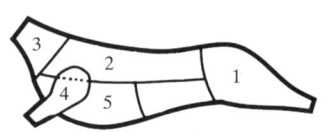

d) <u>mutton/lamb</u>   <u>Hammel/Lamm</u>

(1) leg   Keule
(2) saddle   Rücken
(3) neck   Hals
(4) shoulder   Bug, Schulter
(5) breast   Brust

e) <u>offal a. o.</u>   <u>Innereien u. a.</u>

brain   Hirn
heart   Herz
kidney   Niere
liver   Leber
sweetbread   Bries
tongue   Zunge
tripe   Kutteln   Innereien

marrow   Mark
bone   Knochen
oxtail   Ochsenschwanz

meat dishes	Fleischzubereitungen
roast	Braten
pot roast	Schmorbraten
steak	Steak
cutlet, chop	Kotelett
escalope	Schnitzel
skewer	Spießchen
stew	Ragout
meat balls	Fleischklöße
meat loaf	Hackbraten

Garstufen bei Steaks

rare	außen gebraten, innen roh, frz.: bleu
medium rare	innen rot, starke Fleischsaftbildung frz.: saignant
medium	nicht mehr blutig, rosa frz.: à point
well done	durchgebraten frz.: bien cuit

11. poultry, feathered game, game — Geflügel, Wildgeflügel, Wild

a) poultry — Geflügel

chicken	Huhn
turkey	Truthahn
duck	Ente
goose	Gans
pigeon	Taube
guinea fowl	Perlhuhn

b) feathered game — Wildgeflügel

wild duck	Wildente
pheasant	Fasan
partridge	Rebhuhn
quail	Wachtel

c) game/venison — Wild

wild rabbit	Kaninchen
hare	Hase *(Stall)*
deer, venison	Hirsch
roe (buck), venison	Reh
wild boar	Wildschwein

Teile von Geflügel, Wildgeflügel, Wild

poultry, feathered game	Geflügel, Wildgeflügel
giblets	Geflügelklein
wing	Flügel
leg	Schenkel
breast	Brustfleisch

game, venison	Wild
saddle	Rücken
leg	Schlegel

12. sauces — Saucen

basic sauces	Grundsaucen
a) basic brown sauce	braune Grundsauce frz.: sauce demiglace
b) basic white sauces	weiße Grundsaucen
white velouté sauce	weiße Kalbsgrundsauce frz.: velouté de veau
white chicken sauce	weiße Geflügelgrundsauce frz.: velouté de volaille

white fish sauce	weiße Fischgrundsauce frz.: velouté de poisson
Béchamel sauce	Béchamelsauce frz.: sauce Béchamel
c) hollandaise sauce	holländische Sauce frz.: sauce hollandaise
d) mayonnaise	Mayonnaise frz.: mayonnaise

13. vegetables

Gemüse

<u>Wurzelgemüse</u>

beetroot	Rote Rübe
black salsify	Schwarzwurzel
carrot	Karotte, Möhre
celeriac	Sellerie (Knolle)
garlic	Knoblauch
onion	Zwiebel
potato	Kartoffel
radish	Rettich
radishes	Radieschen
horseradish	Meerrettich
shallot	Schalotte
turnip	weiße Rübe

parship *Pastinake*

Kohlgemüse

broccoli	Brokkoli
Brussels sprouts	Rosenkohl
cauliflower	Blumenkohl
cabbage	Kohl, allgemein
white cabbage	Weißkohl
red cabbage	Rotkohl *Rotkraut*
green cabbage	Grünkohl
savoy cabbage	Wirsing
Chinese cabbage	Chinakohl
kohlrabi	Kohlrabi

Blattgemüse

artichoke	Artischocke
asparagus	Spargel
beets	Mangold
celery	Sellerie (Staude)
chicory/Belgian endive	Chicorée
fennel	Fenchel
leek	Lauch
sorrel	Sauerampfer
spinach	Spinat

Salate

lettuce	Kopfsalat
lamb's lettuce	Feldsalat
romaine	Römischer Salat
water cress	Kresse
endive	Endivie
rocket	Ricola

Fruchtgemüse

aubergine/eggplant	Aubergine
chestnuts	Esskastanie Maroni
cucumber	Gurke
green beans/string beans	grüne Bohnen
pepper, bell pepper	Paprikaschote
pumpkin	Kürbis
sweet corn	Mais
tomato	Tomate
zucchini, squash	Zucchini

Hülsenfrüchte

dried peas	Erbsen
chickpeas	Kichererbsen
lentils	Linsen
red beans	rote Bohnen
white beans	weiße Bohnen

Pilze

mushrooms	Champignons (auch: Pilze allgemein)
chanterelles	Pfifferlinge
ceps	Steinpilze
morels	Morcheln
truffels	Trüffel

Zubereitungsarten von Gemüse

boiled ...	gekocht
braised ...	geschmort
buttered ...	mit Butter
baked ...	hier: gratiniert
creamed ...	in Sahne
(deep) fried ...	frittiert
glazed ...	glaciert
grilled ...	gegrillt
... puree	(als) Püree
sautéed ...	sautiert *in wenig Fett schnell gebraten (in d. Pfanne)*
... with Béchamel sauce	mit Béchamelsauce
... with bread crumbs	mit Bröselbutter
... with brown butter	mit brauner Butter
... with cheese sauce	mit Käsesauce
... with herbs	mit feinen Kräutern
... with Hollandaise sauce	mit holländischer Sauce
stuffed ...	gefüllt

14. potatoes   Kartoffeln

a) **potato dishes made from raw potatoes**

Kartoffelzubereitungen von rohen Kartoffeln

French fried potatoes

Kartoffeln, in Fett ausgebacken, verschiedene Schnittformen

potatoes, baked in a mould in the oven

Annakartoffeln, Massenetkartoffeln

potatoes, cooked with liquid in the oven

Schmelzkartoffeln

sautéed potatoes

Kartoffeln, in der Pfanne gebraten

b) **potato dishes made from steamed or boiled potatoes**

Kartoffelzubereitungen von gekochten Kartoffeln

creamed potatoes

Rahmkartoffeln

fried potatoes/roast potatoes

Bratkartoffeln

mashed potatoes

Kartoffelpüree

c)   Weitere Kartoffelzubereitungen

baked potatoes

Ofenkartoffeln, Folienkartoffeln

hashed browned potatoes

röstiähnliche Kartoffeln (in Amerika gern zum Frühstück serviert)

potatoes baker's style

Bäckerkartoffeln

potatoe dumplings	Kartoffelklöße
potatoes in the jacket	Pellkartoffeln
scalloped potatoes/	Kartoffelgratin
potatoes au gratin	

<u>**Hinweis:**</u>
Auf der Speisekarte erscheinen Kartoffelgerichte auch unter den international gebräuchlichen französischen Bezeichnungen, allerdings in etwas veränderter Form.

<u>**château**</u> **potatoes**	Schlosskartoffeln
< frz.: pommes château	
<u>**mousseline**</u> **potatoes**	Kartoffelpüree mit Sahne
< frz.: pommes mousseline	

Es werden also <u>französische</u> Elemente, die die Zubereitungsart benennen, den <u>englischen</u> „potatoes" beigegeben (was nach deutschen Speisekartenregeln nicht möglich oder verpönt wäre)!

15. sweets, desserts   Süßspeisen, Desserts

a)   <u>Warme Süßspeisen</u>

fritters	Krapfen
omelette	Omelett
pancakes	Pfannkuchen
pudding	Pudding (warm)
soufflé	Auflauf (warm)
waffles	Waffeln

b)   <u>Kalte Süßspeisen</u>

Bavarian cream	Bayerische Creme
caramel cream	Karamellcreme
custard	Englische Creme
jelly	Gelee
pudding	Pudding (kalt)
sabayon	Weinschaumcreme
soufflé	Soufflé (kalt)
charlotte	Charlotte
mousse	Mousse
ice-cream	Eis
sorbet/sherbet	Sorbet

Hinweis:
Die Namen der Süßspeisen auf der Speisekarte enthalten dann natürlich noch einen Zusatz, der das Material oder die Zutaten der Süßspeisen benennt.

Beispiele:

lemon soufflé	Zitronenauflauf
strawberry cream	Erdbeercreme
chocolate mousse	Schokoladenmousse
rice pudding	Reispudding
fruit jelly	Fruchtgelee
coffee ice-cream	Kaffee-Eis

c) <u>Pâtisserie</u>

cake	Kuchen, Torte, Gebäck
pastries	Gebäck

Teige

yeast dough	Hefeteig
Danish pastry	Teig für Plundergebäck
puff pastry	Blätterteig
short pastry	Mürbeteig
sponge cake mixture	Biskuitteig
frying batter	Ausbackteig
meringue mixture	Baisermasse

Glasuren

frosting	Fondant
icing	Wasserglasur
chocolate glaze	Schokoladenglasur

Kuchen, Gebäck

short cake	Mürbeteigkuchen
sponge cake	Biskuitkuchen
fancy cake/rich cake	Torte
cream puffs	gefüllte Windbeutel
tart, flan	Obstkuchen
tartlet	Mürbeteigtörtchen
pie	Pastete
patty	kleine Pastete
biscuits	Kekse
fancy biscuits	Petits fours
lady fingers	Löffelbiskuits
Swiss roll	Biskuitroulade

d) <u>Dessertsaucen</u>

chocolate sauce	Schokoladensauce
vanilla sauce/custard sauce	Vanillesauce
orange sauce	Orangensauce
whipped cream	Schlagsahne

e) <u>Desserts aus Früchten</u>

fruit salad	Obstsalat
stewed fruit	Kompott
cherries jubilee	flambierte Kirschen
pears in red wine	Birnen in Rotwein
iced melon	geeiste Melone

16. fruit

Früchte/Obst

Kernobst

apple	Apfel
pear	Birne
quince	Quitte
melon	Melone

Steinobst

abricot	Aprikose
cherry	Kirsche
peach	Pfirsich
plum	Pflaume
mirabelle	Mirabelle

Beerenobst

blackberry	Brombeere
blueberry	Heidelbeere
cranberry	Preiselbeere
gooseberry	Stachelbeere

raspberry	Himbeere
strawberry	Erdbeere
black currant	schwarze Johannisbeere
red currant	rote Johannisbeere
grapes	Trauben

Schalenobst

almond	Mandel
chestnut	Esskastanie
coconut	Kokosnuss
hazelnut	Haselnuss
walnut	Walnuss

Südfrüchte

banana	Banane
fig	Feige
grapefruit	Grapefruit
kiwi	Kiwi
lemon	Zitrone
lime	Limone
mango	Mango
nectarine	Nektarine
orange	Orange
papaya	Papaya
passionfruit	Passionsfrucht
pineapple	Ananas
tangerine	Mandarine
rhubarb	Rhabarber

17. Zubereitungsarten/Garnituren

In der Küche werden traditionell die französischen Bezeichnungen für Zubereitungsarten von Speisen und für Garnituren verwendet.
Immer öfter aber ersetzt man diese Bezeichnungen durch reine Erklärungen der Zubereitung und durch Angabe der Bestandteile der Garnituren.
In diesem Abschnitt werden einige dieser international bekannten Zubereitungsarten genannt (französisch) und erklärt (englisch).

Garnitur/Zubereitungsart

französischer Ausdruck	englische Erkärung
à l'alsacienne	(pork) with sauerkraut and ham
à la bordelaise	(beef) with red wine and marrow
à la boulangère	(lamb) with potatoes and onions, baked in the oven
à la bourguignonne	(beef) with red wine sauce, mushrooms, onions and bacon bits
à la bruxelloise	(meat/poultry) with Brussels sprouts, chicory and château potatoes
Choron	(fillet steaks) with artichoke bottoms, peas and Choron sauce
Colbert	(fish) breaded, panfried with Colbert butter
Dubarry	(meat) with cauliflower and cheese sauce

Dugléré	**(fish) with white wine sauce and tomatoes**
à la florentine	**(fish, poultry, eggs) with spinach and cheese sauce**
à la forestière	**(game) with morels, potatoes and bacon**
à la meunière	**(fish) panfried with butter, lemon and parsley**
à la niçoise	**(fish, meat, poultry) with tomatoes, garlic and olives**
à la strasbourgeoise	**(goose, turkey) with sauerkraut, bacon and goose liver**
à la viennoise	**(escalope) breaded and panfried**

Hinweis:
Wenn die Zubereitungsart oder die Garnitur nicht in der französischen Form angegeben und auch nicht englisch „erklärt" wird, verwendet man folgende Übersetzungen:

... à l'espagnole	**... Spanish style**
... à l'italienne	**... Italian style**
... à la russe	**... Russian style usw.**

oder

... à la hongroise	**Hungarian ...**
... à l'ancienne	**old fashioned ... usw.**

Angaben von Zutaten werden wie folgt übersetzt:

... aux crevettes	**with shrimps**
... aux champignons	**with mushrooms**
... aux olives	**with olives**
... aux herbes	**with herbs**
... au beurre	**in butter/with butter**
... au madère	**with madeira**
... au jus	**with gravy**
... à la béarnaise	**with Béarnaise sauce**
... à la crème	**creamed**
... à l'estragon	**with tarragon**
... au paprika	**with paprika**
... au raifort	**with horseradish**

Adjektive, die Gerichte beschreiben

a) allgemeine Qualifizierung

cold (meat)	kalt
warm (milk)	warm
hot (chocolate)	heiß
hard	hart
soft	weich
tender	zart
liquid	flüssig
hot, spicy	scharf gewürzt

mild (cheese)	mild
sweet	süß
sour (cream)	sauer
bitter	bitter
raw (vegetables)	roh
fresh (vegetables)	frisch
dried (fruit)	getrocknet
dry	trocken
light (cream)	leicht
heavy (cream)	schwer
fat	fett
lean	mager
thick	dick
thin	dünn
small	klein
large	groß
whole (chicken)	ganz
half (chicken)	halb
regular	normal
special	spezial
plain (rice)	einfach (zubereitet)
single	einfach
double	doppelt
tasty	schmackhaft
crisp (salad)	knusprig, knackig
vegetarian (dish)	vegetarisch
homemade (bread)	hausgemacht

traditional (cuisine)	althergebracht
local (food)	örtlich, regional
national (dish)	national

b) Farbe

red	rot
green	grün
yellow	gelb
blue	blau
black	schwarz
white	weiß
orange	orange
brown	braun
pale (yellow)	hell
dark (brown)	dunkel

c) Wie geschnitten, wie zerkleinert?

cut into ...	in ... geschnitten
sliced	in Scheiben geschnitten
chopped (vegetables)	grob zerkleinert
minced (meat)	gehackt
grated (cheese)	gerieben
ground (pepper)	gemahlen
mashed (potatoes)	püriert

d) Wie zubereitet?

marinated	mariniert
pickled	sauer eingelegt
seasoned with ...	gewürzt mit ...
spiced	scharf gewürzt
stuffed	gefüllt
chilled	eisgekühlt
frozen	gefroren
garnished with ...	garniert mit ...
decorated with ...	dekoriert mit ...

e) Wie gekocht?

cooked	gekocht, allgemein
steamed	im Dampf gegart
poached	pochiert
boiled	gekocht
braised	geschmort, gedünstet
stewed	geschmort
fried	gebraten
grilled	gegrillt
roast	im Ofen gebraten
baked	gegart, gebacken
smoked	geräuchert
hard boiled (eggs)	hart gekocht
soft boiled (eggs)	weich gekocht

Anhang

1. polite questions and answers   Höfliche Fragen und Antworten

Allgemeine Höflichkeit

Good morning!	Guten Morgen!
Good afternoon!	Guten Tag!
Good evening!	Guten Abend!
Good night!	Gute Nacht!
How do you do?	Wie geht's?
(Antwort auch: How do you do?)	
How are you today?	Wie geht es Ihnen?
(Antwort: Very well, thank you.)	(Danke, gut.)
I wish you a pleasant stay!	Ich wünsche Ihnen einen angenehmen Aufenthalt!
I wish you a nice trip!	Ich wünsche Ihnen eine gute Reise!

Hilfsbereitschaft signalisieren

Can I help you?	Kann ich Ihnen helfen?
What can I do for you?	Was kann ich für Sie tun?
Can I get you anything?	Kann ich Ihnen etwas bringen?
Are you all right?/Is everything all right?	Ist alles in Ordnung?
Do you need anything else?	Wünschen Sie noch etwas?
What do you like?/What would you like?	Was möchten Sie gern?

Bitten

Could you help me?	Könnten Sie mir helfen?
Would you mind ...	Würde es Ihnen etwas ausmachen ...?
(calling a taxi for me?)	
Could you do me a favour?	Könnten Sie mir einen Gefallen tun?
May I ask you to ...	Dürfte ich Sie bitten, ...
(call a taxi for me?)	
I would like to ...	Ich würde gern ...
I am looking for ...	Ich suche ...
Please, bring me ...	Bitte, bringen Sie mir ...
I need ...	Ich brauche ...

Entschuldigen

I am sorry.	Es tut mir leid.
I am so sorry.	Es tut mir sehr leid.
I am terribly sorry.	Es tut mir schrecklich leid.
I am afraid ...	Ich fürchte, ...

Danken

Thank you very much.	Ich danke Ihnen vielmals.
Thanks a lot.	Vielen Dank.
That is very nice of you.	Das ist sehr nett von Ihnen.

Antwort auf Dank

Not at all./You are welcome.	Keine Ursache.

Nachfragen

I beg your pardon?	Wie bitte?
Excuse me, ...?	Entschuldigen Sie, ...
Could you repeat that, please?	Könnten Sie das wiederholen, bitte?

Nützliche Standardformeln (Frage/Antwort)

Do you (smoke)? – Yes, I do./No, I don't.

Are you (busy)? – Yes, I am./No, I'm not.

Is there (a swimming pool)? – Yes, there is./No, there isn't.

Do you have (a reservation)? – Yes, I have./No, I haven't.

2. Fragen und Angaben zur Person

family name	Familienname
maiden name	Mädchenname (bei Frauen)
first/christian name	Vorname
date of birth	Geburtsdatum
place of birth	Geburtsort
address	Adresse
profession	Beruf
marital status	Familienstand
married	verheiratet

single	ledig
divorced	geschieden
widowed	verwitwet
nationality	Nationalität

What is your name?	Wie heißen Sie?
My name is ...	Ich heiße ...

When were you born?	Wann sind Sie geboren?
I was born on ...	Ich bin geboren am ...

Where were you born?	Wo sind Sie geboren?
I was born in ...	Ich bin geboren in ...

How old are you?	Wie alt sind Sie?
I am ... years old.	Ich bin ... Jahre alt.

Where are you from?	Woher kommen Sie?
I am from ...	Ich komme aus ...

Where are you living?	Wo wohnen Sie?
I am living in ...	Ich wohne in ...

What is your profession?	Was sind Sie von Beruf?
I am (food & beverage manager).	Ich bin ... von Beruf.
Are you married?	Sind Sie verheiratet?
Yes, I am./No, I'm not.	Ja./Nein.

Do you have children?	Haben Sie Kinder?
Yes, I have three children?	Ja, ich habe drei Kinder.
No. I haven't got any children.	Nein, ich habe keine Kinder.
How long are you staying?	Wie lange bleiben Sie?
I am staying four days.	Ich bleibe vier Tage.
When are you leaving?	Wann reisen Sie ab?
I am leaving on (Wednesday).	Ich reise am ... ab.
Where are you going to?	Wohin reisen Sie?
I am going to Canada.	Ich reise nach Kanada.

Korrekte Anrede

Sir	mein Herr (in Deutschland nicht gebräuchlich!) am Satzende oder als Anrede am Satzanfang
Madam	meine Dame, gnädige Frau (im Deutschen nicht/ wenig gebräuchlich), am Satzende oder als Anrede am Satzanfang
Mr. Miller	Anrede für Herrn mit Namen, Herr Müller
Mrs. Miller	Anrede für Damen mit Namen, Frau Müller
Miss Brown	Anrede für Damen mit Namen, wenn man nicht weiß, ob sie verheiratet sind, Fräulein Brown (im Deutschen nicht mehr gebräuchlich, daher auch hier Frau Brown)

3. seasons, months, days of the week, holydays

Jahreszeiten, Monate, Wochentage, Festtage

the seasons

Die Jahreszeiten

spring	Frühling
summer	Sommer
autumn, fall	Herbst
winter	Winter

the months

Die Monate

January	Januar
February	Februar
March	März
April	April
May	Mai
June	Juni
July	Juli
August	August
September	September
October	Oktober
November	November
December	Dezember

year	Jahr
month	Monat
3 months	3 Monate, ein Vierteljahr
6 months	6 Monate, ein halbes Jahr
9 months	9 Monate, ein Dreivierteljahr
week	Woche
day	Tag
hour	Stunde
minute	Minute
second	Sekunde

the days of the week — Die Wochentage

Monday	Montag
Tuesday	Dienstag
Wednesday	Mittwoch
Thursday	Donnerstag
Friday	Freitag
Saturday	Samstag
Sunday	Sonntag

a weekday	ein Wochentag
a working day	ein Arbeitstag
a holiday	ein Feiertag
a public holiday	ein staatlicher Feiertag
a religious holiday	ein religiöser Feiertag

holidays		Festtage
New Year's Eve		Silvester
New Year		Neujahr
Good Friday		Karfreitag
Easter		Ostern
Christmas Eve		Heiligabend
Christmas		Weihnachten

4. the numbers

Die Zahlen

a) cardinal numbers

Grundzahlen

zero	**0**	null
one	**1**	eins
two	**2**	zwei
three	**3**	drei
four	**4**	vier
five	**5**	fünf
six	**6**	sechs
seven	**7**	sieben
eight	**8**	acht
nine	**9**	neun
ten	**10**	zehn
eleven	**11**	elf
twelve	**12**	zwölf
thirteen	**13**	dreizehn
fourteen	**14**	vierzehn

fifteen	15	fünfzehn
sixteen	16	sechzehn
seventeen	17	siebzehn
eighteen	18	achtzehn
nineteen	19	neunzehn
twenty	20	zwanzig
twenty-one	21	einundzwanzig
twenty-two	22	zweiundzwanzig
twenty-three	23	dreiundzwanzig
twenty-four	24	vierundzwanzig
twenty-five	25	fünfundzwanzig
twenty-six	26	sechsundzwanzig
twenty-seven	27	siebenundzwanzig
twenty-eight	28	achtundzwanzig
twenty-nine	29	neunundzwanzig
thirty	30	dreißig
thirty-one	31	einunddreißig
thirty-two	32	zweiunddreißig
forty	40	vierzig
fifty	50	fünfzig
sixty	60	sechzig
seventy	70	siebzig
eighty	80	achtzig
ninety	90	neunzig
one hundred	100	einhundert
one hundred and one	101	einhunderteins
two hundred	200	zweihundert
three hundred	300	dreihundert

one thousand	1 000	eintausend
two thousand	2 000	zweitausend
three thousand	3 000	dreitausend
ten thousand	10 000	zehntausend
one hundred thousand	100 000	hunderttausend
one million	1 000 000	eine Million

b) <u>ordinal numbers</u>

<u>Ordnungszahlen</u>

first	1.	erstens, der/die erste
second	2.	zweitens, der/die zweite
third	3.	drittens, der/die dritte
fourth	4.	viertens, der/die vierte
fifth	5.	fünftens, der/die fünfte
sixth	6.	sechstens, der/die sechste
seventh	7.	siebtens, der/die siebte
eigth	8.	achtens, der/die achte
ninth	9.	neuntens, der/die neunte
tenth	10.	zehntens, der/die zehnte
eleventh	11.	elftens, der/die elfte
twelfth	12.	zwölftens, der/die zwölfte
thirteenth	13.	dreizehntens, der/die dreizehnte
fourteenth	14.	vierzehntens, der/die vierzehnte
fifteenth	15.	fünfzehntens, der/die fünfzehnte
sixteenth	16.	sechzehntens, der/die sechzehnte
seventeenth	17.	siebzehntens, der/die siebzehnte
eighteenth	18.	achtzehntens, der/die achtzehnte

nineteenth	19.	neunzehntens, der/die neunzehnte
twentieth	20.	zwanzigstens, der/die zwanzigste
twenty-first	21.	einundzwanzigstens, der/die einundzwanzigste
twenty-second	22.	zweiundzwanzigstens, der/die zweiundzwanzigste
twenty-third	23.	dreiundzwanzigstens, der/die dreiundzwanzigste
thirtieth	30.	dreißigstens, der/die dreißigste
thirty-first	31.	einunddreißigstens, der/die einunddreißigste
fortieth	40.	vierzigstens, der/die vierzigste
forty-first	41.	einundvierzigstens, der/die einundvierzigste
fiftieth	50.	fünfzigstens, der/die fünfzigste
sixtieth	60.	sechzigstens, der/die sechzigste
seventieth	70.	siebzigstens, der/die siebzigste
eightieth	80.	achtzigstens, der/die achtzigste
ninetieth	90.	neunzigstens, der/die neunzigste
ninety-ninth	99.	neunundneunzigstens, der/die neunundneunzigste
hundredth	100.	hundertstens, der/die hundertste

c) <u>fractions</u>

<u>Brüche</u>

one half	$1/2$	ein halb
one third	$1/3$	ein drittel
one quarter	$1/4$	ein viertel
one fifth	$1/5$	ein fünftel
two third	$2/3$	zwei drittel
three quarters	$3/4$	drei viertel
one and a half	$1\ 1/2$	eineinhalb
two and a half	$2\ 1/2$	zweieinhalb

d) <u>Dezimalzahlen</u>

one point five	1,5
three point five per cent	3,5 %

e) <u>Wiederholungszahlen</u>

once	einmal
twice	zweimal
three times	dreimal
four times	viermal

f) <u>Vervielfältigungszahlen</u>

single	einfach
double	zweifach
triple	dreifach
multiple	vielfach

g) <u>the date</u> <u>Das Datum</u>

Monday, March 30th, 1998	Montag, den 30. März 1998
Monday, March 30, 1998	

h) Unbestimmte Zahl- und Mengenbegriffe

a pair of (shoes)	ein Paar
a dozen (oysters)	ein Dutzend
all of (the rooms)	alle
most of (the rooms)	die meisten
most (people)	die meisten
both (restaurants)	beide
a lot of (fun)	viel
many (people)	viele
not much (fun)	nicht viel
not many (people)	nicht viele
not so many (people)	nicht so viele
a great deal of (money)	sehr viel
very many (people)	sehr viele
quite a lot of (rain)	ziemlich viel
too much (vinegar)	zu viel
a bit too much (salt)	ein wenig zu viel
more (sugar)	mehr
a bit more (sugar)	ein bisschen mehr
much more (sugar)	viel mehr
less (vinegar)	weniger

und noch mehr Zahlen

twenty-eight degrees (centigrades)	28 °C
minus six degrees (centrigrades)	- 6 °C

5. the time

Die Uhrzeit

What time is it?
What's the time?
It is ... o'clock.

Wie spät ist es?
Wie viel Uhr ist es?
Es ist ... Uhr.

Die Uhrzeit wird in zweimal zwölf Stunden eingeteilt; a.m. (lat.: <u>a</u>nte <u>m</u>eridiem) bedeutet <u>vor</u>mittags, also <u>vor</u> 12.00 Uhr mittags, p.m. (lat.: <u>p</u>ost <u>m</u>eridiem) bedeutet <u>nach</u>mittags, also <u>nach</u> 12.00 Uhr mittags.

Beispiele:

It is 2 a.m.
It is 2 p.m.
It is 10 a.m.
It is 10 p.m.

Es ist 2.00 Uhr morgens.
Es ist 2.00 Uhr nachmittags (14.00 Uhr).
Es ist 10.00 Uhr morgens.
Es ist 10.00 Uhr abends (22.00 Uhr).

one o'clock

five minutes
past one (o'clock)

ten past one

<u>a quarter past one</u>
one fifteen

 **twenty past one**
one twenty

 **twenty-five past one**
one twenty-five

 half past one
one thirty

 one thirty-five

 one forty

 **a quarter to two**
one forty-five

 **ten (minutes) to
two (o'clock)**
one fifty

 **five to two**
one fifty-five

 two o'clock

Zeitangaben

the other day	neulich
ten minutes ago	vor 10 Minuten
every half hour	alle halbe Stunde
in an hour	in einer Stunde
every hour	stündlich
every day, daily	täglich
at about this time	etwa um diese Zeit
at about 4 o'clock	ungefähr um 4.00 Uhr
from time to time	von Zeit zu Zeit
in the morning	morgens
at noon/at lunch time	mittags
in the afternoon	nachmittags
in the evening	abends
at night	nachts
during the day	tagsüber
during the night	während der Nacht
this morning	an diesem Morgen
this afternoon	an diesem Nachmittag
this evening	an diesem Abend
yesterday	gestern
the day before yesterday	vorgestern
today	heute
tomorrow	morgen
the day after tomorrow	übermorgen
every second day	jeden zweiten Tag

at the weekend	am Wochenende
during the week	während der Woche
this week	diese Woche
in a week	in einer Woche
within in a week	innerhalb einer Woche
in a fortnight	in 14 Tagen
a week ago	vor einer Woche
in a month/in a month's time	in einem Monat
next year	nächstes Jahr
last year	letztes Jahr
last Monday	letzten Montag
next Friday	nächsten Freitag

6. Ortsangaben

left	links
right	rechts
on your left	links von Ihnen
on your right	rechts von Ihnen
straight ahead	geradeaus
nearby	ganz in der Nähe
on the left hand side	auf der linken Seite
on the right hand side	auf der rechten Seite
opposite the hotel	dem Hotel gegenüber
in front of the hotel	vor dem Hotel
behind the hotel	hinter dem Hotel
across the street	auf der anderen Straßenseite
on the main road	auf der Hauptstraße
next to the parking lot	neben dem Parkplatz
in the city center	in der Stadtmitte
on the ground floor	im Erdgeschoss
on the first floor	im 1. Stock
on the top floor	in der obersten Etage
near the dance-floor	nahe an der Tanzfläche
at the door	an der Tür
at the window	am Fenster
in the corner	in der Ecke
on the table	auf dem Tisch
under the chair	unter dem Stuhl
over the bed	über dem Bett
at the cashier's office	an der Kasse
at the reception	am Empfang

7. Richtungsangaben

from London	von London
to Hamburg	nach Hamburg
to the city center	ins Stadtzentrum
from the station	vom Bahnhof
to the hotel	zum Hotel
to the door	zur Tür
through the lobby	durch die Halle
up to the second floor	hoch zum zweiten Stock
down to the basement	hinunter ins Untergeschoss
into the restaurant	ins Restaurant
down the hallway	den Flur entlang

8. country
Land

nationality
Nationalität

Germany	**German**
Austria	**Austrian**
Switzerland	**Swiss**
Italy	**Italian**
Spain	**Spanish**
Portugal	**Portuguese**
France	**French**
Belgium	**Belgian**
Netherlands	**Dutch**
Great Britain	**British**
Ireland	**Irish**
Finland	**Finnish**
Norway	**Norwegian**
Sweden	**Swedish**
Danmark	**Danish**
Poland	**Polish**
Russia	**Russian**
China	**Chinese**
Japan	**Japanese**
Brazil	**Brazilian**
Argentina	**Argentinian**
Mexico	**Mexican**
USA	**American**
Canada	**Canadian**
South Africa	**South african**

9. spelling list/Buchstabiertafel

British system		American system	
A for Andrew		A as in Alpha	
B	Benjamin	B	Bravo
C	Charlie	C	Charlie
D	David	D	Delta
E	Edward	E	Echo
F	Frederick	F	Foxtrot
G	George	G	Golf
H	Harry	H	Hotel
I	Isaac	I	India
J	Jack	J	Juliette
K	King	K	Kilo
L	Lucy	L	Lima
M	Mary	M	Mike
N	Nellie	N	November
O	Oliver	O	Oscar
P	Peter	P	Papa
Q	Queenie	Q	Quebec
R	Robert	R	Romeo
S	Sugar	S	Sierra
T	Tommy	T	Tango
U	Uncle	U	Uniform
V	Victory	V	Victor
W	William	W	Whisky
X	Xmas	X	X-ray
Y	Yellow	Y	Yankee
Z	Zebra	Z	Zulu

10. Curriculum Vitae (CV)

Lebenslauf

Name:	Name:
Address:	Adresse:
Telephone:	Telefon:
Marital status:	Familienstand:
Nationality:	Nationalität:
Date and place of birth:	Geburtsdatum und Geburtsort:
Education:	Schulbildung:
Qualification:	Ausbildung:
Experience:	Tätigkeiten:
Languages:	Fremdsprachen:
References:	Referenzen:

Literatur

Adamson, Donald, *Be our guest, Basic English for Hotel Staff;*
Prentice Hall International (UK) ltd. 1995

Adamson, Donald, *International Hotel English;*
Prentice Hall International (UK) ltd.

Binham, P., *Restaurant English;*
Prentice Hall International (UK) ltd.

Bratfisch, P., *Fachwörterbuch Lebensmitteltechnologie;*
Verlag Alexander Hatier, Berlin 1992

Degen, Bernd, *Getränkeservice für Hotelbar, Buffet und Restaurant;*
C. Gerber Verlag, München 1993

Dries, F., *Restaurantfachmann;*
Fachbuchverlag Dr. Pfanneberg & Co., Gießen – Leipzig 1983

Dries, F. und Metz, R., *Der junge Restaurantfachmann;*
Fachbuchverlag Dr. Pfanneberg & Co, Gießen – Leipzig 1996

Dries, F. und Metz, R., *Die junge Hotelfachfrau;*
Fachbuchverlag Dr. Pfanneberg & Co., Gießen – Leipzig 1996

Dries, F. und Struwe, S., *Getränke- und Servierkunde;*
Fachbuchverlag Dr. Pfanneberg & Co., Gießen – Leipzig 1993

Duckworth, M., *First Class;*
Oxford University Press 1992

Göckel, Claudia, *Französische Küchenfachausdrücke im Überblick;*
Fachbuchverlag Dr. Pfanneberg & Co., Gießen – Leipzig 1997

Grüner, H. und Metz,R., *Der junge Koch;*
Fachbuchverlag Dr. Pfanneberg & Co., Gießen – Leipzig 1995

Keane, I., *International Restaurant English;*
Prentice Hall International (UK) ltd. 1990

Lück, E., *Kompaktwörterbuch der Lebensmitteltechnologie;*
Behr's Verlag, Hamburg 1985

Pauli, E.; Duchamp, H.; Jenning, A., *Speisekarten für Sie übersetzt;*
Verlag Orell Füssli, Zürich 1983

Pons Fachwörterbuch;
Klett Verlag, Stuttgart 1996

Revell, R. und Stott, T., *Highly Recommended;*
Oxford University Press 1989

Riley, *Englischer Fachwortschatz im Griff;*
Klett Verlag, Stuttgart 1996

Schaetzing, E. und Englisch, K., *Fachwörterbuch für Hotellerie & Gastronomie;*
Deutscher Fachverlag, Frankfurt/M. 1994

Stadtfeld, F., *Fachwörterbuch für Tourismus, Hotellerie und Gastronomie;*
FBH Medien-Verlags-GmbH, Limburgerhof 1993